Helga Pfeifer

Schwimmtraining im Verein

Sportverlag Berlin

Die Deutsche Bibliothek – CIP-Einheitsaufnahme

Schwimmtraining im Verein : das inoffizielle Lehrbuch des
deutschen Schwimmsports / Helga Pfeifer. [Ill.: Udo Burghardt
; Karlheinz Birkner]. – 1. Aufl. – Berlin : Sportverl., 1993
   ISBN 3-328-00514-5
NE: Pfeifer, Helga; Burghardt, Udo

ISBN 3-328-00514-5

© Sport und Gesundheit Verlag GmbH, 1993
Erste Auflage
Illustrationen: Udo Burghardt, Karlheinz Birkner
Einbandfoto: Bavaria, Stock-Image
Einbandgestaltung: Theodor Bayer-Eynck
Printed in Germany
Satz: R. Benens & Co., Berlin
Druck und Binden: Bosch-Druck, Landshut/Ergolding

Inhalt

Vorwort

Schwimmen macht Freude in jedem Alter. Es fördert das Wohlbefinden und die Gesundheit. Der Spaß wächst in dem Maße, wie man mit dem Wasser vertraut wird.

Differenzierte Kursangebote unterschiedlicher Anbieter bringen Kinder und Erwachsene auf den Geschmack. Das Erlebnis „Wasser" läßt viele nicht mehr los, und sie suchen den Weg in den Schwimmverein. Unterschiedlich sind die Wünsche und Vorstellungen für das regelmäßige Schwimmen: Die einen wollen alle Schwimmarten erlernen, die anderen wollen sich konditionieren und durch Training leistungsfähiger werden, manche haben das Ziel, Wettkampfschwimmer zu werden.
Der Schwimmverein braucht dafür tragfähige, erfolgversprechende Angebote.
Die Konzepte müssen modernen Anforderungen der Trainingsmethodik standhalten, leicht überschaubar für den Einzelnen und in der Gruppe tatsächlich realisierbar sein.

Das vorliegende Buch wird Übungsleitern helfen, diesen Anforderungen gerecht zu werden und Trainern wertvolle Anregungen vermitteln. Bewährte Trainingsprinzipien werden kurz erläutert, mit anschaulichen Beispielen versehen. Es wird hervorgehoben, auf was es bei schöpferischer Weiterentwicklung der vereinsbezogenen Programme für unterschiedliche Zielgruppen ankommt. Von der Vorbereitung an Land bis zum Schwimmtraining mit seinem Kernstück, der Ausdauerentwicklung, von Empfehlungen zur Durchführung von Wochenendlehrgängen bis hin zur Führung von Trainingsbüchern wird nichts ausgelassen – und vor allem nicht das, was Spaß macht. Geht es doch schließlich darum, daß ein jeder Erfolgserlebnisse hat, Freude und Entspannung findet und mit harten Anforderungen fertig werden kann.

Dieses Buch ist kein Lehrbuch im herkömmlichen Sinne; theoretische Abhandlungen und Technikdarstellungen stehen nicht im Mittelpunkt. Dafür gibt es konkrete Anregungen für das Aneignen neuen Wissens, zum Organisieren eines Trainingserfolgs.
Regeln fassen das Wesentliche überschaubar zusammen.

Nachgewiesenermaßen ist der Erfolg planbar – er muß sogar geplant werden. Hier werden die Grundlagen dafür dargestellt.

Ein gutes Konzept – Voraussetzung für den Erfolg

Jeder Schwimmverein soll für seine Mitglieder attraktiv sein und für eine Ausstrahlung sorgen, die neue Schwimmkameraden anzieht. Das setzt voraus, daß Leitung, Trainer und Übungsleiter ein gutes Konzept haben, es von Zeit zu Zeit überprüfen und klären, ob es den Anforderungen noch genügt. Bewährt hat sich eine einfache Checkliste (vgl. Bild 2; S. 10/11) mit den wichtigsten Fragen, z. B.:

- Wer soll künftig im Verein schwimmsportlich betreut werden?
- Welche veränderten oder neuen Ausbildungsprogramme braucht der Verein?
- Welche Besonderheiten in der Ausbildung sollen den Verein auszeichnen?
- Welche Partner braucht der Verein für die Ausbildung und Betreuung?

Hauptinhalte

Nach Festschreibung solcher grundsätzlichen Entscheidungen wie die, ob die Schwimmer auch Wasserball spielen sollen, ob für alle Wassergymnastik empfohlen wird, ob Wochenendlehrgänge angeboten werden usw., ist es notwendig, die Inhalte genauer zu planen. Für die unterschiedlichen Altersklassen vom Kind bis zum Erwachsenen müssen die Hauptaufgaben ausgewählt und die Bedingungen organisiert werden. Entscheiden muß man sich

auch, welche Hauptaufgaben für welches Lebensalter man favorisieren will.

Einfacher ist es, generell gleiche Schwerpunkte festzulegen und Unterschiede lediglich bezüglich Zeitaufwand, Auswahl der Übungen und Belastungsanforderungen zu machen. Spielen die Erwachsenen zum Beispiel zweimal in der Woche 90 Minuten Wasserball, so könnten die Kinder zweimal 30 Minuten mit kleinen Ballspielen begeistert werden. Ein solches Vorgehen hat den Vorteil, daß man im mehrjährigen Training wertvolle Erfahrungen sammelt, die zur Grundlage für konstruktive Weiterentwicklungen der Ausbildungskonzeptionen werden können.

Die ausgewählten Aufgaben müssen den Sportlern jeder Altersklasse immer wieder erklärt werden. In Bild 1 sind die Hauptaufgaben und die Reihenfolge ihrer Entwicklung genannt. Gut ist es, für jede der Hauptaufgaben detaillierte individuelle Zielleistungen entsprechend der Altersgruppen festzulegen und erst bei nachweislicher Erfüllung der Teilziele zur nächsten Aufgabe überzugehen. Das gilt besonders für die Entwicklung der grundlegenden Leistungsvoraussetzungen. Werden diese vernachlässigt und wird trotzdem wettkampfspezifisch trainiert oder sogar an Wettkämpfen teilgenommen, lassen sich zwar zum Beginn des Trainingsjahres manchmal relativ gute Ergebnisse erzielen, aber zum gewünschten Höhepunkt des Jahres ist dann die Enttäuschung häufig groß.

Hauptaufgaben	zugeordnete Aufgaben
1. Entwicklung grundlegender Leistungsvoraussetzungen	– Erlernung bzw. Verbesserung der Techniken der 4 Grundschwimmarten – Vielseitige Grundlagenausdauerentwicklung einschließlich Sensomotorik – Allgemeine Konditionierung an Land – Gesundheitstraining
2. Schaffung spezifischer Leistungsvoraussetzungen	– Schwimmartbezogenes Krafttraining an Land (einschließlich Start und Wende), einschließlich Training der Beweglichkeit, Lockerung und Dehnung – Schwimmartbezogenes Krafttraining im Wasser in Verbindung mit Sensomotoriktraining – Spezifisches Ausdauertraining
3. Entwicklung der Wettkampf-leistung	– Wettkampfspezifisches Ausdauertraining in Verbindung mit Techniktraining – Schnelligkeitstraining – Start- und Wendentraining – Aufbauwettkämpfe

Bild 1
Die Haupt- und zugeordneten Aufgaben im Trainingsprozeß

Deshalb ist es nötig, sich rechtzeitig damit auseinanderzusetzen, daß es einige Gesetzmäßigkeiten des Trainings gibt, die ernst zu nehmen sind. **Eine Beachtung der nachfolgend genannten Regeln ist eine der Grundbedingungen für den Erfolg.**

> *Regel 1*
> *Die allgemeinen Leistungsvoraussetzungen müssen zu Beginn jedes Trainingsjahres und jedes neuen Trainingsabschnitts höher als im vorausgegangenen entwickelt werden.*

Betrachten wir nun die drei Hauptaufgaben etwas näher und versuchen zu erkennen, war-um es in allen Alters- und Leistungsklassen notwendig ist, die Reihenfolge einzuhalten.

1. Die Entwicklung grundlegender Leistungsvoraussetzungen

• Kinder oder Schwimmanfänger müssen zuerst einmal mit dem Wasser vertraut werden und die vier Grundschwimmarten erlernen. Langjährig trainierende Schwimmer müssen sich mit für sie neuen Details der Technikgrundlagen beschäftigen, die ihnen im Verlauf des Trainingsjahres eine bessere Vortriebsleistung garantieren sollen. Sowohl Anfänger als auch Top-Athleten können beispielsweise ihre grundlegenden Leistungsvoraussetzungen gut trainieren, wenn sie nur „Beine" schwimmen. Etwas Neues zu lernen, das muß also keine verlorene Zeit für die Verbesserung des Trai-

9

Fragenkomplexe	Wann soll die Betreuung erfolgen?		Sind die Bedingungen gegeben?		

1. Wer soll betreut werden?	Ganzjährig	Nur Sommerbad	ja	teilweise	nein
SL / F / W					
Babys					
Kleinkinder					
Kinder					
Jugendliche					
Erwachsene					
Senioren					

2. Welche Ausbildungsprogramme braucht der Verein?	Wer soll sie erarbeiten?		Von wem werden sie übernommen?		
	Trainer/Übungsleiter	Kollektiv	Literatur	Vereine	Institutionen
Babyschwimmen					
Kleinkinder (Vorschule)					
Schulkinder-gestaffelt nach					
AK 7–13					
Jugendliche- gestaffelt nach					
AK 14–17					
Erwachsene					
Altersschwimmer					

10

3. Welche Besonderheiten in der Ausbildung zeichnen den Verein aus?	Halle	Freibad	Natur	Wochenendlehrgänge	Lehrgänge in den Ferien
Schwimmtraining					
Athletiktraining					
Wasserball für Schwimmer					
Diagnostikprogramm					

4. Welche Partner braucht der Verein für Ausbildung und Betreuung?	Wer interessiert sie?	Wer arbeitet ständig mit ihnen zusammen?
Kindergärten		
Schulschwimmlehrer		
Sportlehrer		
Schwimmeister		
Sportärzte		
Physiotherapeuten		

SL = Schwimmen erlernen
F = Freizeitsport
W = Wettkampfsport

Bild 2   Checkliste für die Ausbildung und Betreuung im Schwimmverein

ningszustandes sein. Der Schwimmschüler kann schon ab der ersten Unterrichtsstunde mit dem Schwimmbrett auf kurzen Strecken (möglichst Querbahn im flachen Wasser) Grundlagenausdauer entwickeln. Der leistungsfähige Schwimmer muß Technikaufgaben erfüllen, die sein Wassergefühl verbessern, eine effektivere Atmung bewirken und die motorische Variabilität erhöhen.

• Neben der Entwicklung grundlegender schwimmerischer Voraussetzungen sind auch allgemein athletische Grundlagen auszubilden. Der Sportler muß seinen gesamten Körper zielstrebig entwickeln. Dafür gibt es oftmals an Land bessere Möglichkeiten als im Wasser. So lassen sich allgemeine Kraft und Beweglichkeit, die Lockerheit und Dehnfähigkeit beispielsweise bei einem Training im Gelände, wo man springen, kriechen, hangeln, balancieren und laufen kann, hervorragend trainieren. Gelingt es dann noch, zu bestimmten Zeitpunkten einzelne Sportarten akzentuiert einzusetzen, dann kann man sehr gute Trainingseffekte erreichen. Zu Beginn des Trainingsjahres bietet es sich geradezu an, Crossläufe, Radfahren, Paddeln oder Sportspiele im Freien durchzuführen. Im zweiten Trainingsabschnitt bestehen vielleicht Gelegenheiten zum Skilaufen, Absolvieren von Sportspielen in der Halle oder Jogging.

Besonders im Kindertraining sollte viel Wert auf Kleine Spiele und Sportspiele gelegt werden, damit die Kinder mit Freude trainieren. Gleichzeitig kann so die natürlich vorhandene Gewandtheit und Geschicklichkeit der Jungen und Mädchen erhalten bzw. ausgebaut werden.

• Das Gesundheitstraining sollte als eigenständige Aufgabe angeführt werden, damit es bei der Planung der Trainingsprogramme nicht vergessen wird.

> **Regel 2**
> *Ohne ständiges Gesundheitstraining gelingt es nicht, leistungsfähige, begeisterte Schwimmer zu entwickeln.*

Schwimmer sind permanent der Gefahr ausgesetzt, sich nach dem Verlassen der gut geheizten Schwimmhalle zu erkälten. Die Temperaturunterschiede sind meistens groß, und die Sportler kleiden sich häufig nicht richtig. Denken wir nur daran, welchen Kampf Übungsleiter und Eltern ausstehen müssen, damit ihre Schützlinge nach dem Training Mützen tragen.

Mit der Erziehung zum angemessenen Bekleiden fängt das Gesundheitstraining an.

Das Ausarbeiten kleiner Programme zur Abhärtung des Organismus sollte jeder Übungsleiter und Trainer als eine seiner festen Aufgaben ansehen. Das Erläutern solcher Maßnahmen wie Wechselduschen, Sauna, Gymnastik bei offenem Fenster, kleinen Läufen im Freien bei jedem Wetter, ist notwendig. Dem sollte aber unbedingt das gemeinsame Üben folgen.

Zum Gesundheitstraining gehört es auch, sich intensiv und unter Einbeziehung des ganzen Körpers zu erwärmen, damit keine Beschwerden in Sehnen, Bändern und Muskeln auftreten.

Gesundheitstraining und die gründliche Vor- und Nachbereitung des Hauptteils des Trainings dürfen keinesfalls als Ballast, der nur unnötig kostbare Trainingszeit raubt, angesehen werden.

2. Schaffung spezifischer Leistungsvoraussetzungen

Es hat sich bewährt, im Training drei Gruppen spezifischer Leistungsvoraussetzungen zu unterscheiden (vgl. Bild 1):

- *Training schwimmart- und schwimmstreckenspezifischer Kraftgrundlagen an Land*

Das Landtraining schließt das Entwickeln der Sprung- und Abstoßkraft für Starts und Wenden, der Bein- und Armmuskulatur zur Erhöhung der Antriebsleistung während des Schwimmens und der Rumpfmuskulatur zur Aufrechterhaltung einer günstigen Körperlage im Wasser ein.

Der Zuwachs an Kraft ist für die Leistungsentwicklung wichtig. Dabei sollten Übungsleiter und Trainer altersgerecht und methodisch einfühlsam vorgehen.

Für Kinder sollte das Training generell ohne den Einsatz von Krafttrainingsgeräten bzw. Zusatzlasten durchgeführt werden. Kraftgymnastik, bei der das eigene Körpergewicht zu überwinden ist, bietet bei sorgfältiger Auswahl der Übungen genügend Belastungsreize. Spezifische Belastungsgeräte wie die Biokinetikbank oder Zuggeräte mit Gewichten sollten lediglich im Hochleistungstraining angewandt werden.

Regel 3
Im Training mit Kindern und Jugendlichen darf nichts an spezifischen Mitteln vorweggenommen werden, die im Spitzenbereich angewandt werden sollen, um die Sportler zu Höchstleistungen zu führen.

- *Training schwimmartbezogener Kraft im Wasser*

Schwimmartbezogene Kraftentwicklung im Wasser muß, um positive Effekte für die Leistungsentwicklung auslösen zu können, mit sensomotorischen Aufgaben zur Entwicklung des Bewegungsgefühls verbunden werden. Bewegungsgefühl, Wassergefühl oder „Rutsch", wie immer es auch bezeichnet wird, sind entscheidende Merkmale, die einen guten Schwimmer auszeichnen. Durch intensives Training läßt sich ein hohes Maß dieser Fähigkeiten ausbilden. Für die Kraftentwicklung im Wasser ist folgendes zu beachten: Der Widerstand im Wasser ist abhängig von der Geschwindigkeit, wächst quadratisch zu dieser. Das bedeutet, man muß fürs Krafttraining sehr hohe Schwimmgeschwindigkeiten wählen. Zehn bis zwanzig Prozent höhere Geschwindigkeiten als sie der individuellen mittleren Wettkampfgeschwindigkeit entsprechen, eignen sich besonders gut für das Krafttraining im Wasser (vgl. Tabelle 1).

Das kann der Schwimmer natürlich nur auf kurzen Teilstrecken realisieren. Es ist besser, mit Sprints auf 10- bis 15-m-Strecken und den geforderten Geschwindigkeiten zu beginnen, als zu lange Strecken zu wählen und die Richtgeschwindigkeiten nicht zu erreichen. Schon bei 25-m-Sprints müssen die Pausen relativ lang sein und zwei bis drei Minuten betragen. Die Serienlänge richtet sich nach dem Entwicklungsstand der Leistungsfähigkeit. Beginnt man mit zwei Serien zu viermal 25 m und zwei Minuten Pause, dann sollte die Serienpause wenigstens fünf Minuten lang sein und mit sensomotorischen Übungen ausgefüllt werden. In dieser Zeit muß der Sportler auch aufgefordert werden, sich auf die Erfüllung der nächsten Serie psychisch einzustimmen. Die Schwimmtechnik sollte sich weitgehend

Tabelle 1   Beispiele für ein Schwimmtraining mit dem Ziel der Kraftentwicklung

Schwimmer	A	B	C	
100-m-Leistung	1:06,7	1:11,4	1:16,9	min
Geschwindigkeit	1,50	1,40	1,30	m/s
20% höhere Vorgabe	0:55,6	0:59,5	1:04,1	min
Geschwindigkeit	1,80	1,68	1,56	m/s
25-m-Leistung	13,9	14,9	16,0	s
Geschwindigkeit	1,80	1,68	1,56	m/s

an die angleichen, die der Sportler im Wettkampf erreichen soll.

Die Benutzung von Hilfsmitteln, wie Hand- und Fingerbretter, Flossen, Bremshosen unter dem Aspekt des Krafttrainings, sollte dem Hochleistungstraining vorbehalten bleiben. Eine Wirkung für die Kraftentwicklung wird aber nur erzielt, wenn die nächste Regel beachtet wird.

Regel 4
Kraftzuwachs durch Schwimmtraining erfolgt nur bei überhöhten Geschwindigkeiten im Vergleich zur individuellen Wettkampfleistung. Widerstandserhöhende Hilfsmittel allein bewirken keinen Kraftreiz.

Hilfsmittel können unter anderen Aspekten, zum Beispiel als Lernhilfe im Techniktraining oder zur Verbesserung des Wassergefühls, kurzzeitig angewendet werden.

• *Spezifisches Ausdauertraining*
Diesem Teil des Trainings muß ein besonders hoher Stellenwert zukommen. Für das Schwimmen als Ausdauerdisziplin ist gerade dieses eine entscheidende Voraussetzung für gute Leistungen. Wie hoch das individuelle Niveau werden kann, hängt weitgehend davon ab, welche grundlegenden Leistungsvoraussetzungen sich ein Sportler erarbeiten konnte. Das spezifische Ausdauertraining bezieht sich auf das Schwimmtraining im Bereich der Grundlagenausdauer und der Schnelligkeitsausdauer. Da in einem eigenständigen Kapitel noch ausführlich auf diese Problematik eingegangen wird, erfolgen hier keine weiteren Erläuterungen.

3. Entwicklung der Wettkampfleistung

Für einen Wettkampfschwimmer genügt es nicht, schneller zu schwimmen als zum Beispiel im Vorjahr. Es muß zielstrebig daran gearbeitet werden, daß alle Sportler zum vorgesehenen Zeitpunkt des Jahres gute Wettkampfresultate und zum Jahreshöhepunkt ihre höchste Leistungsfähigkeit erreichen. Das erfordert, daß der Sportler im Training physisch und psychisch so vorbereitet und beeinflußt wird, daß er auch außerhalb des Schwimmvereins eine gesunde, sportliche Lebensführung realisiert. Jeder Sportler muß sein Ziel kennen und sich damit identifizieren.

Regel 5
Ein Schwimmer muß so trainieren, leben und sich beeinflussen, daß er sich auf die sportliche Auseinandersetzung freuen und die geplante Zeit erreichen kann.

14

Es reicht nicht, dem Schwimmer nur zu sagen, daß er beispielsweise sechs Sekunden schneller als im Vorjahr schwimmen soll. Er muß auch genau erklärt bekommen, welche Teilleistungen wichtig sind, und was konkret dafür im Training getan werden muß.

Zuerst zerlegen wir deshalb die Wettkampfstrecke in Teilkomponenten (Bild 3) und erklären dem Sportler, welche Reserven er aus welchen Gründen auf den einzelnen Abschnitten hat. Wenn möglich, sollte man ihm anhand von Teilleistungen gleichaltriger oder jüngerer Sportkameraden beweisen, welche Resultate gut sind. Daraus sollte die Einsicht erwachsen, daß die geplanten Ziele realisierbar sind. Genauso wie Sportler Weltrekorde oder Altersklassenrekorde für die einzelnen Schwimmstrecken kennen, sollten sie dazu angehalten werden, sich für wichtige Teilleistungen Bestwerte einzuprägen. Damit wird ihr eigener Anspruch geschult. Zum Beispiel ist es gut, Startzeiten über 7,50 m zu kennen und mit den eigenen Leistungen zu vergleichen.

Bild 3   Teilkomponenten der 100-m-Wettkampfleistung und Testangebote

Ausgangspunkt: Individuelle Prognose(z.B.: Bestleistung−6s)

Schwerpunkte: Ausgangsleistung, Entwicklungsraten, Testmöglichkeiten, Gesundheitszustand, Kondition

Das 100m−Schwimmen mit seinen Teilkomponenten

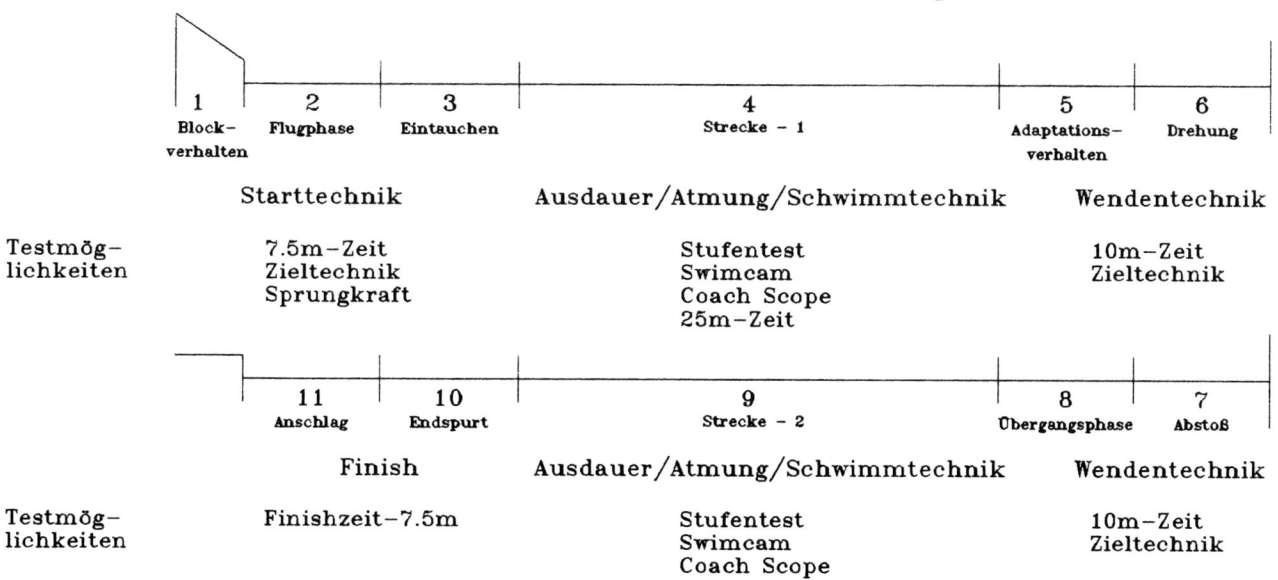

15

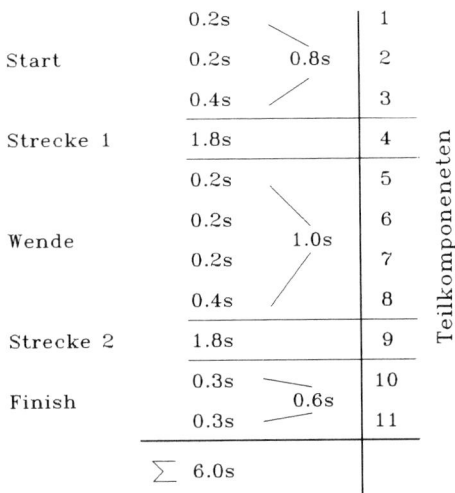

Start	0.2s	1
	0.2s 0.8s	2
	0.4s	3
Strecke 1	1.8s	4
	0.2s	5
Wende	0.2s	6
	0.2s 1.0s	7
	0.4s	8
Strecke 2	1.8s	9
Finish	0.3s	10
	0.3s 0.6s	11
	∑ 6.0s	

Teilkomponeneten

Bild 4   Hypothetisch mögliche Entwicklungsraten in einzelnen Teilkomponenten (100-m-Strecke 6 s)

Hier einige Startzeiten aus dem internationalen Spitzenbereich:

Brustschwimmen	2,70 s
Freistil- und Schmetterlingsschwimmen	2,80 s
Rückenschwimmen	3,10 s

Im Vergleich dazu Top-Finishzeiten für die letzten 7,50 m der Strecke:

Freistilschwimmen	4,10 s
Rücken- und Schmetterlingsschwimmen	4,60 s
Brustschwimmen	5,30 s

Bild 4 zeigt ein Beispiel für einen Aktiven, der seine Leistung auf der 100-m-Strecke um sechs Sekunden verbessern will. Da der Zeitaufwand zur Erschließung der einzelnen Reserven nicht gleich ist und sich nicht alle Teilkomponenten gleichzeitig verbessern lassen, sollten Schwerpunkte im Training gesetzt werden. Das Start-, Wenden- und Finishtraining ist im physisch und psychisch relativ ausgeruhten Zustand zu realisieren, damit die nötige Konzentration auf die geforderte Technik erfolgen kann. Dieses Training kann gekoppelt werden mit dem Schnelligkeits- und Schnelligkeitsausdauertraining. Das Grundlagenausdauertraining ist einem anderen Schwerpunkt zuzuordnen. Infolge der insgesamt geringeren Schwimmgeschwindigkeit als im Wettkampf und der Ermüdung – bedingt durch die Dauer der Trainingsaufgabe – fällt es den Sportlern häufig schwer, ordnungsgemäße Wenden auszuführen. Der Übungsleiter sollte das akzeptieren und nur auf verschiedene Details der Technik orientieren. Wichtig sind zum Beispiel widerstandsarme Körperhaltungen in der Unterwasserphase nach dem Abstoß. Der nächste Schritt für Trainer und Übungsleiter besteht nun darin, eine geeignete Testmethodik zur Überprüfung des Ausbildungsstandes zu entwickeln und regelmäßig Testtage durchzuführen. Will man den Sportler motivieren, sich auch mit anderen zu vergleichen, empfiehlt es sich, Bestenlisten für alle Teilleistungen anzulegen. Zur Sicherung guter technischer Ausführungen müssen eindeutige qualitative Anforderungen für die Tests gestellt werden, und es dürfen nur Ergebnisse in die Wertung kommen, die den Anforderungen genügen. So gewöhnen sich auch Kinder schon an das Einhalten von Wettkampfbestimmungen.

Tabelle 2   Testmethoden und Hilfsmittel für die Analyse verschiedener Zielkomponenten.
Die ermittelten Werte werden zur Steuerung des Trainings benötigt

Aufgabe	Parameter	Hilfsmittel	Aufgabe	Parameter	Hilfsmittel
Start	7,50 m-Zeit Abweichungen von Zieltechnik Sprungkraft	Stoppuhr Videokamera und -recorder, Unterwasserfenster, Bandmaß	Psychologie	Vorstartzustand u. ä.	Analyse Befragungen Pulsmessung
Wende	15 m-Zeit Abweichungen von Zieltechnik	Stoppuhr Videokamera und -recorder, Unterwasserfenster	Wettkampf-analyse	Startzeit - 7,50 m Wendezeit - 10 m / 15 m 25 m-Angehzeit Finishzeit - 7,50 m Bewegungsfrequenz Zyklusweg Bewegungstechnik	Stoppuhr Frequenzuhr Tabelle Zyklusweg Taschenrechner Videokamera Videorecorder
Schwimmtechnik	Frequenz Zyklusweg Technik	Stoppuhr Frequenzuhr Tabelle-Zyklusweg Videokamera und -recorder, Unterwasserfenster Swimcam Coach Scope			
Kraft	Maximalkraft Kraftausdauer Sprungkraft schwimmspezifische Kraft	Multikrafttrainer Mini-Gym CATS Biokinetikbank Bandmaß Bremshose Stoppuhr			
Ausdauer	Stufentest 8×100 m o.a. Grundlagenausdauer Wettkampfspezifische Ausdauer	Stoppuhr Frequenzuhr Sporttester Laktatanalysator			
Schnelligkeit	25 m-Zeit Frequenz	Stoppuhr Frequenzuhr			
Beweglichkeit/Dehnfähigkeit	Kriterien nach Janda	Winkelmesser Bandmaß gepolsterte Bank			

> **Regel 6**
> *Zur Sicherung eines geplanten Erfolgs zu einem genau vorgegebenen Zeitpunkt ist die Steuerung des Trainings auf der Grundlage objektiver Werte unvermeidbar.*

Ein gutes Hilfsmittel zur Objektivierung und Beeinflussung der Schwimmtechnik ist das Ermitteln der Bewegungsfrequenz.
Schlagzahlstoppuhren, wie sie noch vor einigen Jahren nur bei Ruder- und Kanutrainern üblich waren, sind jetzt auch bei den Schwimmtrainern zu einem unentbehrlichen Helfer geworden. Höhere Schwimmgeschwindigkeiten werden vor allem durch eine Verlängerung des Weges, der bei einem Bewegungszyklus erreicht wird, erzielt. Das gilt für ein Kind ebenso wie für einen Erwachsenen, für einen Anfänger wie für einen Hochleistungs-

schwimmer, was seine Ursache in der sich gegenseitig beeinflussenden Entwicklung von Kraft, Ausdauer, Technik und Körpergröße hat. Auch im Verlauf eines Trainingsjahres muß im wettkampfspezifischen Training eine hohe Variabilität von Bewegungsfrequenz und Zyklusweg trainiert werden, damit für die einzelnen Teilkomponenten optimale Werte erreicht werden können.

Bewegungsfrequenz (f) [Z/min]
Die Bewegungsfrequenz bezeichnet die in einer bestimmten Zeiteinheit ausgeführte Anzahl von Bewegungszyklen. In der Praxis ist es üblich, die Anzahl der Zyklen auf eine Minute zu beziehen.

Zyklusweg (sz)
Die im Einzelzyklus zurückgelegte Strecke oder der Raumgewinn während eines vollständigen Bewegungszyklus wird als Zyklusweg bezeichnet.

Schwimmgeschwindigkeit (m/s)
Eine Steigerung wird möglich durch:
- Verlängerung des Zyklusweges bei konstanter Bewegungsfrequenz
- Erhöhung der Bewegungsfrequenz bei konstanten Zykluswegen
- Erhöhung der Bewegungsfrequenz und Verlängerung des Zyklusweges
- stärkeres Ansteigen der Zykluswege, als die Bewegungsfrequenzen absinken
- stärkeres Ansteigen der Bewegungsfrequenzen, als sich die Zykluswege verringern

Beispiele für eine planmäßige Steigerung der Geschwindigkeit

– Geschwindigkeitssteigerung durch Erhöhung des Zyklusweges
(bei gleichbleibender Frequenz)

100 m-Bestzeit:	1:26,2 min	$f = 50$/min	$s_z = 1,39$ m
geplante Bestzeit:	1:22,0 min	$f = 50$/min	$s_z = 1,46$ m

– Geschwindigkeitssteigerung bei verringerter Frequenz (und gleichzeitiger Steigerung des Zyklusweges)

400-Bestzeit:	5:50,9 min	$f = 50$/min	$s_z = 1,37$ m
geplante Bestzeit:	5:39,0 min	$f = 45$/min	$s_z = 1,57$ m

– Geschwindigkeitssteigerung durch Frequenzerhöhung (bei gleichbleibendem Zyklusweg)

200 m-Bestzeit:	3:01,8 min	$f = 40$/min	$s_z = 1,65$ m
geplante Bestzeit:	2:41,3 min	$f = 45$/min	$s_z = 1,65$ m

– Geschwindigkeitssteigerung durch Frequenzerhöhung (und Verringerung des Zyklusweges)

200 m-Bestzeit:	2:46,7 min	$f = 40$/min	$s_z = 1,80$ m
geplante Bestzeit:	2:38,7 min	$f = 45$/min	$s_z = 1,68$ m

Wer keine Möglichkeit hat, eine Schlagzahluhr zu verwenden, der kann entsprechend der Formel $f = \dfrac{60}{t_z}$ Z/min auch eine normale Stoppuhr verwenden. Gestoppt wird die Zeit für einen vollständigen Bewegungszyklus (vgl. Bild 5). Geteilt wird dann 60 durch die gestoppte Zeit (t_z), zum Beispiel $\dfrac{60 \text{ s}}{1,50 \text{ s}} = 40$ – demnach schwamm der Schwimmer zum Zeitpunkt der Messung mit einer 40er Frequenz. Stoppt der Übungsleiter stets etwa am gleichen Punkt, zum Beispiel in der Mitte des Schwimmbeckens, dann erhält er relativ genaue Anhaltspunkte für die Steuerung des Trainings und der Wettkämpfe. Bewährt hat sich das Erarbeiten einer kleinen Tabelle, von der sich die Werte während des Tainings schnell ablesen lassen (vgl. Tabelle 3).

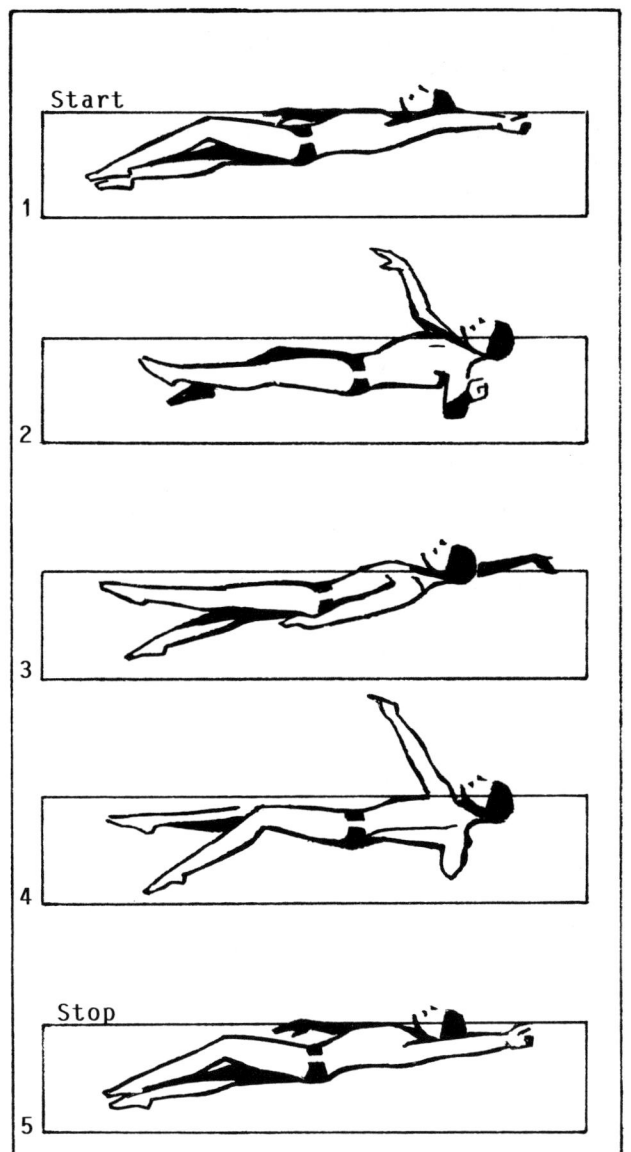

Bild 5   Stoppen eines Bewegungszyklus'

19

Tabelle 3 Orientierungswerte für die Errechnung von Bewegungsfrequenzen

$$f = \frac{60}{t_z} \, [\text{Z/min}]$$

gestoppte Zeit für 1 Zyklus	Bewegungs-frequenz f [Z/min]	gestoppte Zeit für 4 Zyklen
2,0 s	30	8,0 s
1,9 s	31,5	7,6 s
1,8 s	33	7,2 s
1,7 s	35	6,8 s
1,6 s	37,5	6,4 s
1,5 s	40	6,0 s
1,4 s	43	5,6 s
1,3 s	46	5,2 s
1,2 s	50	4,8 s
1,1 s	54,5	4,4 s
1,0 s	60	4,0 s

Die Messung von 4 Zyklen ergibt genauere Werte. Die gestoppte Zeit wird in die Formel eingesetzt. Beispiel:

$$f = \frac{60 \, [\text{Z/min}]}{6 \, (t_{4Z})} \cdot 4 = 40$$

Planung des Trainings

Nach Klärung des inhaltlichen Grundkonzeptes ist es notwendig, die Planung des Trainings vorzunehmen. Zu klären ist das Was, Wann und Warum.

Da dieser Prozeß jährlich wiederholt werden muß, ist es günstig, ein System zu wählen, welches leicht überschaubar ist. Alle für die Planung wichtigen Faktoren wie Trainingsschwerpunkte, Wettkämpfe, Tests, Lehrgänge und Besonderheiten für einzelne Altersgruppen, wie Prüfungsabschnitte und Ferien müssen übersichtlich angeordnet werden. Von

entscheidender Bedeutung ist, daß das methodische Konzept vom Plan ablesbar ist. Bild 6 zeigt ein Beispiel für drei Trainingsabschnitte unter Beachtung wichtiger Termine. Das ist zwar die verbreitetste Art des Planens, aber ein solches Vorgehen ermöglicht es nicht, das trainingsmethodische Konzept überschaubar und für Wiederholungen übersichtlich einzutragen. Besser ist es, von den Hauptwettkämpfen ausgehend zurückzurechnen. Auf diese Art kennt man die Anzahl der Wochen, die zur Vorbereitung zur Verfügung stehen, und kann die Inhalte besser planen. Oft wird man dabei merken, daß es besser ist, vier Trainingsabschnitte zu konzipieren. Bild 7 zeigt eine solche Variante. Die Bezeichnung der Wochen entspricht dem jeweils aktuellen Kalender für das Jahr.

Bevor die Trainingsaufgaben auf die zur Verfügung stehenden Wochen verteilt werden, sollte man sich der Haupt- und zugeordneten Aufgaben (vgl. Bild 1) und der Aufforderung erinnern, die entsprechende Reihenfolge einzuhalten. Es ist günstig, sich bestimmte Standards zu erarbeiten, diese mehrmals zu wiederholen und zu analysieren. Dadurch wird erkennbar, welche Programme zum Erfolg führen und welche korrigiert werden müssen. Weitere Schritte bei der inhaltlichen Planung werden im nächsten Kapitel erläutert.

> **Regel 7**
> *Einen Sportler wiederholt erfolgreich auf Wettkämpfe vorzubereiten, das bedeutet, ihm die Fragen nach dem* **Was, Wann** *und* **Wielange** *zu beantworten, und seine Athleten vor der Richtigkeit des Planes zu überzeugen.*

1. Makrozyklus

Wochen	36	37	38	39	40	41	42	43	44	45	46	47	48	49	50	51	52
Wettkämpfe								x	X̄						x	X	x
Lehrgänge	X	X					x	x						x	x		
Sonstiges																	

2. Makrozyklus

Woch.	1	2	3	4	5	6	7	8	9	10	11	12	13	14	15	16	17	18
Wettk.									x		x						x	X
Lehrg.	X	X	X						x	x						x	x	
Sonst.																		

3. Makrozyklus

Wochen	19	20	21	22	23	24	25	26	27	28	29	30	31	32	33	34	35
Wettkämpfe								X̄	X̄							x	X
Lehrgänge						x	x	x		x	x	x		x	x		
Sonstiges																	

Sonstiges: Feiertage (F) x Aufbauwettkampf
Schulferien (SF) X Hauptwettkampf
Prüfungen (P) des Zyklus
Ärztl. Untersuchungen (A) X̄ Nominierung für
Tests (T) den Wettkampf-
höhepunkt

Bild 6
Der Aufbau des Trainingsjahres
in drei Makrozyklen
(Wochennummern laut Kalender)

Das setzt voraus, daß sich Übungsleiter und Trainer bemühen, sich die fortgeschrittensten Erfahrungen und Erkenntnisse anzueignen und entsprechend den Bedingungen des eigenen Schwimmvereins und den individuellen Möglichkeiten der Sportler anzuwenden.

1. Makrozyklus

Wochen	36	37	38	39	40	41	42	43	44	45	46	47	48	49	50	51	52
Wettkämpfe								x	X̄						x	X	x
Trainings-schwerp.	1	1	1	1	1/2	2/1	2/1	2	2	1	1/2	2/1	2	2/3	3	3	3/1

2. Makrozyklus

Woch.	1	2	3	4	5	6	7	8	9	10	11	12	13	14	15	16	17	18
Wettk.									x	x							x	X
Train. schw.p.	1	1	1	2/1	2/1	2	2	2/3	2/3	3	1	1/2	2/1	2	2/3	2/3	3	3

3. Makrozyklus

Wochen	19	20	21	22	23	24	25	26	27
Wettkämpfe								x	X̄
Trainings-schwerpunkte	1	1	2/1	2	2	2/3	2/3	3	3

4. Makrozyklus
(unmittelbare Wettkampfvorbereitung)
– UWV –

Wochen	28	29	30	31	32	33	34	35
Wettkämpfe							x	X
Trainings-schwerpunkte	1	2/1	2	2	2/3	2/3	3	3

Legende: 1 = Allgemeine Leistungsgrundlagen
2 = Spezifische Leistungsgrundlagen
3 = Wettkampfspezifische Leistungsfähigkeit

Bild 7
Makro- und mesozyklische Gestaltung
des Trainingsjahres und Festlegung
von Trainingsschwerpunkten

Umsetzung des Konzepts – Ziele und Wege

Für jede Alters- und Zielgruppe, die im Schwimmverein betreut werden soll, sind eigenständige Ziele festzulegen und die Wege aufzuzeigen, wie und wann die Ziele realisiert werden sollen. Ganz gleich, ob es um das Training zukünftiger oder bereits aktiver Leistungsschwimmer geht oder um ein allgemeines Fitneß- bzw. Rehabilitationstraining, es gilt:

Regel 8
Freude am Training motiviert zum Durchhalten und Mitgestalten.

Kaderpyramide und Zielgruppen

Jeder Schwimmverein sollte es sich zur Aufgabe machen, seine künftigen Leistungsschwimmer selbst zu sichten und auszubilden. Parallel dazu ist es gut und notwendig, allgemeine Schwimmgruppen, Gruppen für Wassergymnastik und Senioren zu führen. So können auch die Eltern, Großeltern und Verwandten der Kinder interessiert und kann ihnen eine nützliche wie schöne Freizeitgestaltung angeboten werden. Überall, wo die Möglichkeiten vorhanden sind oder sich schaffen lassen, Behindertengruppen zu führen, sollte das ebenfalls erfolgen. Schwimmen eignet sich wie keine andere Sportart dazu, das Wohlbefinden zu erhöhen und Freude an der Bewegung zu verschaffen. Aus dem Bereich des Erholungs- und Freizeitsports sind neue Übungsleiter, Wettkampfrichter und Mitglieder für die Vereinsleitungen zu gewinnen.

Ziele für die Sportgruppen

Entsprechend den beiden großen Gruppierungen
- Leistungsschwimmer
- Erholungs- und Fitneßschwimmer

sind die groben Ziele schon abgesteckt. Für jede der beiden Gruppen gilt eine spezielle Regel.

Regel 9
*Das **Erzielen von Höchstleistungen** verlangt einen langfristigen Leistungsaufbau vom Beginn des Trainings bis zum Erreichen der individuellen Bestleistung.*

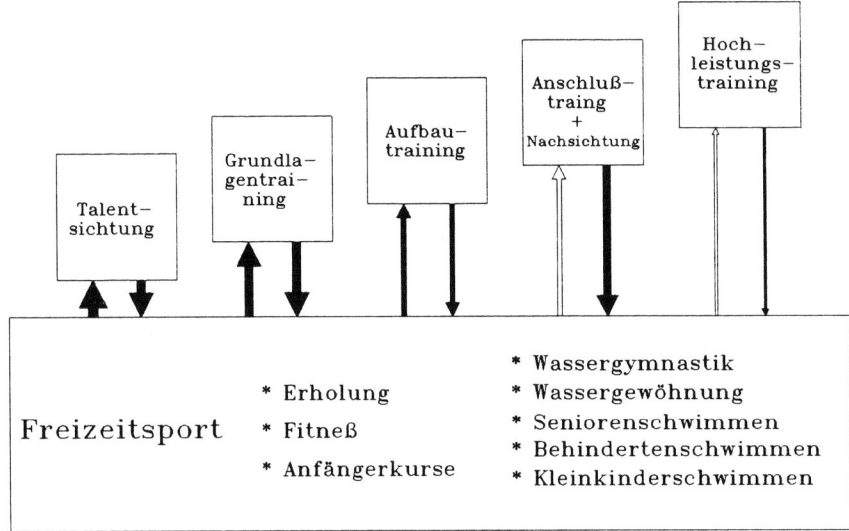

Bild 8
Möglicher Aufbau eines Schwimmvereins. Zu beachten ist die Abstufung nach oben, sowie der Austausch der Aktiven in beide Richtungen

Für beide Gruppen und zur Gewinnung neuer Mitglieder sollten alljährlich einige Höhepunkte organisiert werden, zum Beispiel:
• Anschwimmen zu Beginn der Freiwassersaison mit Wettbewerben für die ganze Familie
• Neptunfest mit Taufe neuer Mitglieder
• Wassergymnastik nach Musik für große Gruppen
• Nachtschwimmen mit Disco
• Langstreckenschwimmen im See oder Fluß
• Weihnachtsschwimmen.

Zum langfristigen Leistungsaufbau

Jeder Schwimmverein, der mit seinen erwachsenen Schwimmern ein hohes Leistungsniveau erreichen möchte, muß sich um einen systematischen Prozeß von der Talentsichtung und -förderung bis zur Ausbildung im Hochleistungsbereich bemühen.
Die Sichtung geeigneter Kinder erfolgt am besten in eigenen Schwimmkursen. Günstig ist es auch, gute Beziehungen zu den Schulschwimm- und Sportlehrern herzustellen, sie zur Mitarbeit zu bewegen.

Durch eine vielseitige, spielerische Ausbildung soll es gelingen, das Gefühl für den „Rutsch" im Wasser, das heißt für widerstandsarme Körperhaltungen unter Wasser und an der Wasseroberfläche, zu finden.
Mit der Bildung einer Talentfördergruppe beginnt der zielstrebige Prozeß vom Grundlagentraining über das Aufbau- und Anschluß- bis zum Hochleistungstraining.

Grundlagentraining

• Erlernen aller Sportschwimmarten und Schwimmkombinationen
• Entwicklung einer altersgerechten, vielseitigen athletischen Grundlage mit einem hohen Anteil an Gewandtheit
• Kombination des Lernprozesses für die Schwimmarten mit der Entwicklung von Grundlagenausdauer und Bewegungsschnelligkeit.

Im Alter von 10–11 Jahren sollte diese Etappe im wesentlichen abgeschlossen werden. Das bedeutet nicht, daß in Ausnahmefällen nicht auch in späteren Lebensjahren Kinder oder Jugendliche den Weg zum Leistungssport finden können.

Im ehemaligen DSSV der DDR wurde diese Etappe in Trainingszentren (TZ) absolviert. Am Ende stand eine Überprüfung, die den Auswahlprozeß für eine zweite Etappe einleitete. Die ausgewählten Talente erhielten eine Delegierung in eine Kinder- und Jugendsportschule und begannen dort mit dem Aufbautraining. Die Tabellen 4 bis 6 stellen auszugsweise die ehemals geltenden „Kriterien und Normen für die Auswahl der Schwimmer für die Kinder- und Jugendsportschulen im DSSV der DDR" im dritten bzw. vierten Jahr des Trainings im TZ dar. Sie vermitteln gute Anregungen, entsprechend den im eigenen Verein bestehenden Bedingungen Festlegungen zu treffen.

Tabelle 4   Sichtungskriterien

Zu beurteilende Bereiche	1. Körperliche Eignung 2. Leistung 3. Technik 4. Schnelligkeit 5. Schwimmerische Grundlagen (Beinschwimmen) 6. Beweglichkeit 7. Athletik
Wertung	* Höchstwert = 3 Punkte pro Test * maximale/minimale Punktzahl pro Bereich * Maximum = 106 Punkte * Minimum = 56 Punkte

Aufbautraining

• Erweiterung der grundlegenden schwimmerischen und athletischen Leistungsvoraussetzungen
• Entwicklung der Feinkoordination schwimmtechnischer Voraussetzungen einschließlich Starts und Wenden
• Konditionierung für das Grundlagenausdauertraining bis zu Strecken von 1500 m Kraul und 400 m in den anderen Schwimmarten
• Erkennen der Eignung für eine Schwimmart bzw. Strecke.

Entsprechend den vereinsspezifischen Festlegungen der Normen für das Ende des Grundlagentrainings, sind die Leistungen für das Ende des dreijährigen Aufbautrainings festzulegen.

Anschlußtraining

• Entwicklung von spezifischen Leistungsgrundlagen bei konsequenter Verbesserung der allgemeinen Grundlagen an Land und im Wasser

Tabelle 5   Normbereiche

3. TZ-Jahr – AK 10 Mädchen

Kriterien und Normen	1 Punkt	2 Punkte	3 Punkte	maximale Punktzahl	minimale Punktzahl
1. Bereich körperliche Eignung					
1. kalendarisches Alter	Jan/Mai	–	–		
2. Körperhöhe	144	147	150		
3. Broca-Index	10	13	16	7	4
2. Bereich Leistung					
1. 50 m Freistil	40 s	38,5 s	36 s		
2. 100 m Freistil	1:27 min	1:22,5 min	1:17,5 min		
3. 800 m Freistil	13:20 min	12:50 min	12:20 min		
4. 50 m Rücken	44,5 s	42,5 s	40 s		
5. 100 m Rücken	1:36 min	1:31 min	1:25,6 min		
6. 50 m Schmetterling	45 s	42,5 s	40 s		
7. 100 m Schmetterling	1:38 min	1:32,5 min	1:27 min		
8. 50 m Brust	51 s	48,5 s	46 s		
9. 100 m Brust	1:47 min	1:43 min	1:39 min		
10. 200 m Lagen	3:23 min	3:14,5 min	3:06 min	30	12
3. Bereich Technik					
1. Kraul	5 Punkte				
2. Rücken	5 Punkte				
3. Schmetterling	5 Punkte				
4. Brust	5 Punkte			20	10
4. Bereich Schnelligkeit					
1. 12,50 m Freistil	7,7 s	7,2 s	6,7 s		
2. 12,50 m Rücken	9,3 s	8,8 s	8,3 s		
3. 12,50 m Schmetterling	9,0 s	8,2 s	7,5 s		
4. 12,50 m Brust	9,5 s	9,0 s	8,5 s	12	5
5. Bereich schwimmerische Grundlagen					
1. 25 m Kraul-Beinbewegung	26,0 s	24,5 s	2 3,0 s		
2. 25 m Rücken-Beinbewegung	26,0 s	24,5 s	2 3,0 s		
3. 25 m Delphinbewegung	27,5 s	26,0 s	24,5 s		
4. 25 m Brust-Beinbewegung	28,5 s	27,0 s	2 5,5 s	12	5
6. Bereich Beweglichkeit					
1. Überstrecken der Arme	–	195°	–		
2. Rückenlage Handfl. außen	–	90°	–		
3. Bauchlage Öffnen der Füße	–	125°	–		
4. Sitz-Fußstreckung	–	180°	–		
5. Rumpfbeugen		Handfläche		10	10

3. TZ-Jahr – AK 10 Mädchen

Kriterien und Normen	1 Punkt	2 Punkte	3 Punkte	maximale Punkt- zahl	minimale Punkt- zahl
7. Bereich Athletik					
1. Schlußweitsprung	1,50 m	1,70 m	1,90 m		
2. Aufrichten Bauchlage 30"	20	25	30		
3. Aufrichten Rückenlage 30"	15	20	25		
4. Liegestütze	15	20	25		
5. Klimmzüge	2	4	6	15	10
				Σ 106	Σ 56

Tabelle 6   Normbereiche

4. TZ-Jahr – AK 11 Jungen

Kriterien und Normen	1 Punkt	2 Punkte	3 Punkte	maximale Punkt- zahl	minimale Punkt- zahl
1. Bereich körperliche Eignung					
1. kalendarisches Alter	Jan/Mai	–	–		
2. Körperhöhe	150	154	158		
3. Broca-Index	10	13	16	7	4
2. Bereich Leistung					
1. 50 m Freistil	36 s	34,5 s	33 s		
2. 100 m Freistil	1:18 min	1:15 min	1:12 min		
3. 800 m Freistil	13:00 min	12:30 min	12:00 min		
4. 50 m Rücken	41 s	39 s	37 s		
5. 100 m Rücken	1:28,5 min	1:24,5 min	1:20,5 min		
6. 50 m Schmetterling	41 s	39,5 s	37,5 s		
7. 100 m Schmetterling	1:28 min	1:24 min	1:20 min		
8. 50 m Brust	47 s	45 s	42 s		
9. 100 m Brust	1:41,5 min	1:37 min	1:32 min		
10. 200 m Lagen	3:16,5 min	3:08 min	2:59 min	30	12
3. Bereich Technik					
1. Kraul	5 Punkte				
2. Rücken	5 Punkte				
3. Schmetterling	5 Punkte				
4. Brust	5 Punkte			20	10
4. Bereich Schnelligkeit					
1. 12,50 m Freistil	7,0 s	6,5 s	6,0 s		
2. 12,50 m Rücken	8,4 s	7,8 s	7,2 s		
3. 12,50 m Schmetterling	8,5 s	7,8 s	7,0 s		
4. 12,50 m Brust	9,0 s	8,4 s	7,8 s	12	5

Kriterien und Normen:	1 Punkt	2 Punkte	3 Punkte	maximale Punkt- zahl	minimale Punkt- zahl
5. Bereich schwimmerische Grundlagen					
1. 25 m Kraul-Beinbewegung	25,0 s	23,5 s	22,0 s		
2. 25 m Rücken-Beinbewegung	25,0 s	23,5 s	22,0 s		
3. 25 m Delphinbewegung	26,0 s	24,5 s	23,0 s		
4. 25 m Brust-Beinbewegung	27,0 s	25,5 s	24,09 s	12	5
6. Bereich Beweglichkeit					
1. Überstrecken der Arme	–	195°	–		
2. Rückenlage Handfl. außen	–	90°	–		
3. Bauchlage Öffnen der Füße	–	125°	–		
4. Sitz-Fußstreckung	–	180°	–		
5. Rumpfbeugen		Handfläche		10	10
7. Bereich Athletik					
1. Schlußweitsprung	1,60 m	1,80 m	2,00 m		
2. Aufrichten Bauchlage 30 s	25	30	35		
3. Aufrichten Rückenlage 30 s	20	25	30		
4. Liegestütze	20	25	30		
5. Klimmzüge	3	6	9	15	10
				Σ 106	Σ 56

- Ausbau der individuellen Stärken für die Entwicklung guter Wettkampfleistungen
- Motivierung für spätere Höchstleistungen, beharrliches hartes Training und sportgerechte Lebensweise
- planmäßige Vorbereitungen für erfolgreiche Teilnahme an internationalen Jugendwettkämpfen.

Hochleistungstraining

- Systematische mehrjährige Vorbereitung nach modernsten Trainingskonzeptionen
- regelmäßige Überprüfung des individuellen Entwicklungszustandes in den wichtigsten Fähigkeitskomplexen und schwimmtechnischen Fertigkeiten sowie Herstellung von Vergleichen zum internationalen Standard
- erfolgreiche Teilnahme an internationalen Wettkampfhöhepunkten
- Ausprägung der individuellen Höchstleistung.

Fitneß- und Freizeittraining

- Erhöhung des Wohlbefindens und der Gesundheit durch Nutzung der günstigen physikalischen und physiologischen Faktoren, die die Thermoregulation, die Atmung und Durchblutung anregen (durch den Auftrieb des Wassers erleben die Sportler eine Art Schwerelosigkeit, die zu einer Entspannung führt)

- gezielte Wassergymnastik und wohldosiertes Schwimmen, möglichst mit Ausdauercharakter
- Ballspiele im Wasser zur Freude, Knüpfung sozialer Kontakte und Entwicklung oder Festigung vielseitiger Bewegungserfahrungen.

Seniorentraining
- Erhöhung des Wohlbefindens und der Gesundheit (vgl. Fitneß- und Freizeittraining)
- Erreichen altersgerechter guter Wettkampfleistungen

Der Seniorenwettkampfsport bedarf einer guten Staffelung nach Altersklassen. Das Training muß besonders danach differenziert werden, ob es sich um ehemalige aktive Wettkampfschwimmer oder neu gewonnene Freizeitsportler handelt.

Für beide Gruppen gilt, daß mit Zunahme des Alters eine deutliche Reduzierung des intensiven Trainings zugunsten eines lockeren Grundlagenausdauertrainings, welches auch tatsächlich im aeroben Bereich stattfindet, erfolgen muß. Auf dieser Grundlage können dann auch 50-m-Wettkämpfe bestritten werden, ohne daß gesundheitliche Schäden zu befürchten sind.

Standardprogramme für die Trainingsstunden können eine wertvolle Hilfe sein, den aktuellen Leistungszustand selbst einzuschätzen und sofort zu reagieren, wenn Unregelmäßigkeiten bemerkt werden. Falschem Ehrgeiz ist Einhalt zu gebieten.

Behindertentraining
- Nutzung des Milieus Wasser für eine gezielte Bewegungstherapie und zur Förderung des Wohlbefindens

- Training für Wettkampfsportler unter Berücksichtigung des Grades und der Art der Behinderung nach den allgemeingültigen Trainingsprinzipien.

Hauptwege zur Realisierung der Ziele

Ein gutes Konzept ist wie ein guter Vorsatz, der allein noch nichts bewirkt. Für dessen Umsetzung bedarf es einer geeigneten Methodik, die systematisch und planmäßig vorgibt, was, wann und wie tatsächlich trainiert oder geübt werden muß, und der Sportler, die das alles korrekt realisieren. An dieser Stelle soll noch nicht detailliert auf das Training einzelner Fähigkeiten wie der Kraft oder der Ausdauer eingegangen werden, sondern seien nur Grundrichtungen gewiesen.

Am Anfang steht die geistige Auseinandersetzung mit dem, was man erreichen will. Für denjenigen, der sich selbst oder mit Hilfe des Übungsleiters motiviert hat, sind alle „Wenn und Aber" gestrichen. Damit ist die erste Hürde genommen. Da die Anforderungen des Trainings oft einem scheinbar unüberwindbaren Hindernis gleichen, muß sich der Schwimmer ständig damit auseinandersetzen, wie er die neuen Aufgaben bewältigen kann. Es muß ihm bewußt werden, was vorwärtsbringt und was bremst. Dabei wird ihm wohl schnell klar, daß alles, was man unbedingt will und gern macht, zu bewältigen ist und das Selbstvertrauen stärkt. Dem steht gegenüber, daß alles, wogegen man sich innerlich sträubt, als sehr anstrengend oder sogar als nicht machbar empfunden wird.

Im Sport stehen Aufwand und Nutzen zum Erreichen eines Zieles in einem direkten Zusammenhang. Einfacher gesagt: Wer mehr und besser trainieren kann, wird leistungsfähiger werden, als sein sportlicher Gegner. Es wäre unrealistisch zu glauben, daß ein guter Wille und beste materiell-technische Voraussetzungen einen hohen Trainingsaufwand in Einheit mit einer guten Methodik ersetzen können. Deshalb muß geprüft werden, wie man den Zeitaufwand entsprechend der Zielstellung möglichst hoch halten kann. Dabei geht es nicht nur um die offiziellen Trainingsstunden, sondern auch um alle zusätzlichen Möglichkeiten zu trainieren. Das kann eine Morgengymnastik zur Verbesserung der Beweglichkeit und Lockerheit ebenso sein wie das Benutzen des Fahrrades für den Weg zur Schule oder zur Arbeit. Entspannungstechniken können in den Tagesablauf eingebaut werden und sind dazu geeignet, die Erholung nach dem Training zu beschleunigen.

Ein zeitlich aufwendiges Training führt nicht immer zur gewünschten Leistungssteigerung in der Wettkampfdisziplin. Die Ursachen dafür können in Trainingsreizen begründet sein, die im Organismus Widersprüche auslösen. In vielen Trainingsgruppen werden zu viele Trainingsaufgaben gemischt, die nicht zueinander passen, weil sie an die Anpassungsfähigkeit verschiedener Funktionssysteme des Organismus unterschiedliche Anforderungen stellen. Beginnt ein Schwimmer zum Beispiel seine Trainingseinheit in der Athletikhalle mit einem Training zur Entwicklung der Maximalkraft und Schnellkraft und geht unmittelbar im Anschluß daran ins Wasser und absolviert ein Grundlagenausdauertraining, dann sind für die Entwicklung beider Fähigkeiten keine optimalen Voraussetzungen gegeben und die Erfolge werden nur spärlich sein. Weitere Ursachen für eine zu geringe Effektivität können in einer falsch verstandenen Akzentuierung der

Trainingsaufgaben liegen. Wird zum Beispiel in einem Zeitraum von vier bis sechs Wochen vorrangig an Land trainiert und ein hoher Kraftzuwachs angestrebt, dann verläuft die Ausdauerentwicklung im gleichen Zeitraum rückläufig. Wird dann gewechselt und die Ausdauer in den Mittelpunkt des Trainings gerückt, steigt diese spezielle Leistungsfähigkeit an und die Kraftfähigkeiten fallen wieder ab. Im Extremfall kann es zu einem wippähnlichen Effekt kommen, bei dem sich am Ende keine Veränderung ergeben hat. Für die Sportler würde das bedeuten, daß sie hart trainiert haben und trotzdem keine verbesserten Wettkampfleistungen erreichen. Da das sehr ärgerlich ist und einer weiteren guten Motivation entgegensteht, muß ein Weg beschritten werden, der eine hohe Effektivität sichert. Es kommt vor allem darauf an, die Entwicklung der Hauptleistungsfaktoren in ihrer Komplexität zu sehen (Bild 9). Dazu muß man die gegenseitigen Wechselbeziehungen kennen und einschätzen können, in welchem Alter und auf welchem Leistungsstand, in welchen Zeiträumen, mit welchen Mitteln und Methoden Verbesserungen erzielt und wie lange diese bei welchem Aufwand stabilisiert werden können. Mit diesen schwierigen Fragen beschäftigten sich Sportmethodiker in ihren Untersuchungen zur Zyklisierung und Akzentuierung des Trainings. Nachfolgend werden einige wenige Aspekte genannt, die bei richtiger Anwendung eine hohe Trainingseffektivität garantieren.

Sportler, die ihre aktuellen Leistungen verbessern wollen, müssen **neue, höhere Belastungen** auf sich nehmen.

Durch ein **sinnvolles Variieren von Be- und Entlastungen** kann sich der Organismus an immer höhere Anforderungen anpassen und leistungsfähiger werden.

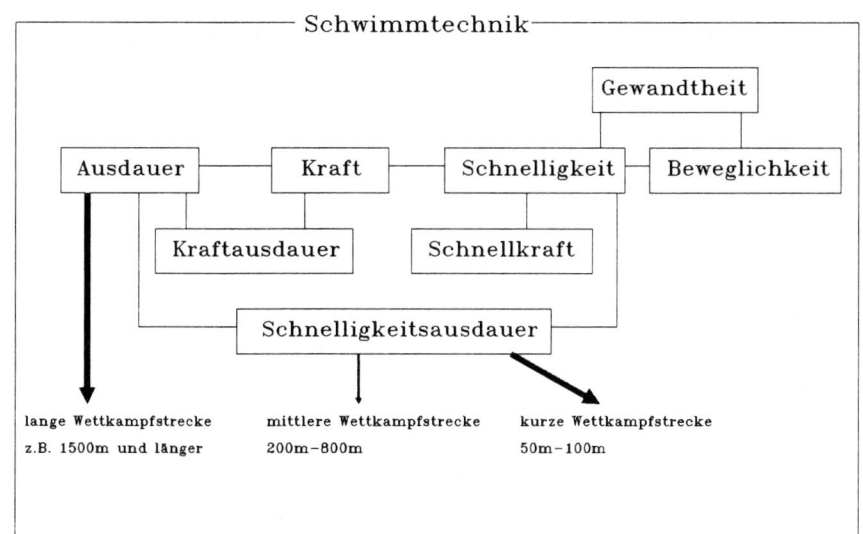

Bild 9
Komplex der Fähigkeiten und Fertigkeiten und ihr Einfluß auf die wettkampfspezifische Leistungsfähigkeit auf verschiedenen Strecken

Werden gute sportliche Leistungen zu einem ganz bestimmten Wettkampf angestrebt, sind die Be- und Entlastungsphasen so zu optimieren, daß die **Zeitgebundenheit** des gewünschten Wettkampfresultates realisiert werden kann. In dieses Training ist die psychische Mobilisierung der Sportler einzuschließen.

Die Trainingsbelastung muß einer bestimmten Dynamik folgen und von der Entwicklung grundlegender und spezifischer Leistungsvoraussetzungen bis zur Ausprägung hoher Wettkampfleistungen gehen und im Jahresverlauf ansteigen.

In den nachfolgenden praktischen Beispielen werden Begriffe verwendet, die von vielen unterschiedlich gedeutet werden. Deshalb vorab einige Erklärungen zum Allgemeinverständnis.

Zyklusmethode

Im Rahmen einer mehrjährigen Entwicklungskonzeption wird ein belastungs- und leistungssteigerndes Verfahren angewendet, bei dem die Schwerpunktaufgaben kontinuierlich in einer gleichen Reihenfolge wiederkehren. Diese Methode erfordert das Festlegen einer bestimmten Reihenfolge (vgl. Tabellen 7 und 8). Unbedingt muß beachtet werden, daß neben den im Mittelpunkt des Trainings stehenden Schwerpunktaufgaben auch andere Aufgaben zur Erhaltung eines erreichten Fähigkeitsniveaus aus vorangegangenen Trainingsabschnitten durchgeführt werden müssen.

Makrozyklus

Bis vor einigen Jahren gab es eine Hallensaison und eine Freiwassersaison – also zwei Perioden. Inzwischen hat es sich in der Praxis be-

31

Tabelle 7 Beispiel für die Reihenfolge der inhaltlichen Akzente, Hauptserien und Trainingsmethoden im Hochleistungssport

Trainings- schwerpunkt	Hauptserie/Test	Methodik
1 Allgemeine Kondition	a Fahrrad (Ergo- meter) 90 min b Lauf (Cross) 90 min c Paddeln, Ski- langlauf 3–4 h d Ausdauermehr- kampf 3–4 h	* Dauertraining * Trainingswett- kampf * Gipfelbelastung im Ausdauer- mehrkampf
2 Allgemeine Kraft (mit Dehnung)	a Herkules-Kreis 90 min b Armkraft 60 min c Beinkraft 60 min d Rumpfkraft 60 min	* Intervalltraining * Wiederholungs- training * Trainingswett- kampf
3 Grundlagen- ausdauer (Schwimmen)	a 5000 m F max. b 100 × 100 m c 40 × 100 m L	* Trainingswett- kampf * Intervalltraining
4 Spezielle Kraft Land Wasser	 a 10 × 90 s Bio- kinetik – oder Hydraulikzug- gerät b Kraftausdauer- Stufentest a 10 × 100 m Beine b Zugseil: voll aus- ziehen (10 Wiederholungen)	 * Intervalltraining * Trainingswett- kampf
5 GA II / Schnellig- keitsaus- dauer	a 3 × 800 m HS b 30 × 50 m c Stufentest	* Intervalltraining
6 Wettkampf- spezifische Fähigkeiten	a Schwierigste Wettkampf- situation, z. B. 2 Einzelwett- kämpfe und 1 Staffel in einem Wettkampfab- schnitt (100 m F; 200 m S, 4 × 100 m L)	* Wiederholungs- training
7 Schnelligkeit	a 4 × 25 m / Pause 3 min b 50 m + 50 m / Pause 10 s	* Wiederholungs- training
8 Wettkampf- bündel	5–6 Wettkämpfe an einem Wochenende Bestleistung an- streben	* Wettkampf- methode

Tabelle 8 Beispiel für die Reihenfolge der inhaltlichen Akzente, Hauptserien und Trainingsmethoden im Kinder- und Seniorentraining

Trainings- schwerpunkt	Hauptserie/Test	Methodik
1 Allgemeine Kondition	a Fahrrad (Ergo- meter) 30 min b Lauf (Cross) 30 min c Paddeln, Ski- langlauf 1–2 h d Ausdauermehr- kampf 1–2 h	* Dauertraining * Trainingswett- kampf * Gipfelbelastung im Ausdauer- mehrkampf
2 Allgemeine Kraft (mit Dehnung)	a Herkules-Kreis 45 min b Armkraft 20 min c Beinkraft 20 min d Rumpfkraft 20 min	* Intervalltraining * Wiederholungs- training * Trainingswett- kampf

Trainings-schwerpunkt	Hauptserie/Test	Methodik
3 Grundlagen- ausdauer (Schwimmen)	a 2000 m F max. b 20 × 100 m c 20 × 100 m La	* Trainingswett- kampf * Intervalltraining
4 Spezielle Kraft Land Wasser	a Zugschlitten 10 Wieder- lungen b Mini-Gym 2×1 min a 10×25 m Beine	* Intervalltraining * Trainingswett- kampf
5 GA II / Schnellig- keitsaus- dauer	a 2×400 m HS b 10×50 m c Stufentest	* Intervalltraining
6 Wettkampf- spezifische Fähigkeiten	a Schwierigste Wettkampf- situation, z. B. 2 Einzelwett- kämpfe und 1 Staffel in einem Wettkampfab- schnitt (100 m F; 200 m S, 4×100 m L)	* Wiederholungs- training
7 Schnelligkeit	a 4×25 m / Pause 3 min b 50 m + 50 m / Pause 10 s	* Wiederholungs- training
8 Wettkampf- bündel	2–3 Wettkämpfe an einem Wochenende Bestleistungen anstreben	* Wettkampf- methode

währt, drei bis vier Abschnitte (Makrozyklen) zu planen. Die Dauer beträgt drei bis vier Monate und ist abhängig von der Anzahl der Wettkämpfe, die pro Jahr spezifisch vorbereitet werden sollen. Im Leistungssport bestimmten zusätzlich die internationalen Wettkampfhöhepunkte die Anzahl der Wochen für einen Makrozyklus (Bild 7). Die Aufeinanderfolge aller Schwerpunktaufgaben (Akzente) ist festgelegt und in jedem Makrozyklus gleich. Unterschiedlich ist die Dauer, die für einen Akzent zur Verfügung steht. Das beruht vor allem auf der unterschiedlichen Länge der Makrozyklen. Aber das liegt auch daran, daß zu Beginn des Trainingsjahres dem Schaffen allgemeiner Leistungsgrundlagen eine größere Bedeutung beigemessen werden muß als im letzten Makrozyklus des Trainingsjahres, in dem die höchsten Leistungen vorbereitet werden.

Mesozyklus
Die Dauer ist abhängig von der Schwerpunktaufgabe und dem zur Verfügung stehenden Zeitfonds bis zum Wettkampf. Trainiert werden ein festgelegter Akzent zur Entwicklung einer ausgewählten Fähigkeit und einige mitlaufende Aufgaben zur Erhaltung vorher bereits erworbener Fähigkeiten und Fertigkeiten. Es geht also nicht um feste Zeiträume, z. B. einen Monat oder zwei Wochen.

Mikrozyklus
Die Mesozyklen werden in mehrere Mikrozyklen unterteilt. Das dient vor allem der Optimierung von Be- und Entlastung. Je kürzer die Mikrozyklen sind, desto besser ist die positive Verarbeitung der Belastungsreize zu sichern. Übertrainingszustände lassen sich so von

vornherein vermeiden. Die Trainingsanforderungen bewirken sofortige Reaktionen, z.B. erhöhte Herz- und Atemfrequenz, sowie bleibende Wirkungen auf verschiedene Funktionssysteme. Der Momentanzustand des Sportlers in einem Mikro- oder Mesozyklus vermittelt keine Auskunft über die Wirkung, die im zurückliegenden Training für die Wettkampfleistung erzielt wurde. Die Ermüdung muß am Ende eines Mikrozyklus relativ hoch sein, und erst, wenn sich der Sportler davon erholt hat, kann über die erreichten Wirkungen sicherer geurteilt werden. Die Anzahl der Tage, die hintereinander bei zunehmender Ermüdung trainiert werden kann, richtet sich hier – anders als beim Mesozyklus – nach der allmählichen Entleerung der Energiespeicher. Zeiträume von einer Woche sollten für Mikrozyklen nicht überschritten werden. Besser sind kürzere Zeiträume, im Leistungssport zum Beispiel zweieinhalb Tage Training und einen oder eineinhalb Tage Erholung (letzteres am Wochenende). Auch im Erholungs- und Fitneßsport, wo vorzugsweise am Wochenende trainiert wird, empfiehlt es sich, ein bis zwei Erholungstage pro Woche einzulegen und sich der Wiederherstellung zu widmen. Die Leistungsfähigkeit wird dadurch umso höher. Das wiederum motiviert für ein besseres Training und baut die Angst vor nichtkontrollierbaren Ermüdungszuständen ab.

Praktisches Vorgehen bei der Anwendung der Zyklusmethode:
1. Bestimmung der methodischen Reihung der Schwerpunktaufgaben.
2. Festlegen der Anzahl der **Makrozyklen** pro Jahr und Benennen der Wettkampfhöhepunkte am Ende des Zyklus
3. Vom Wettkampfhöhepunkt aus rückwärts die zur Verfügung stehenden Wochen auszäh-

len; in Abhängigkeit von den geplanten Zuwachsraten in einzelnen Fähigkeitskomplexen die Wochen entsprechend der methodischen Reihenfolge planen, also die Inhalte der **Mesozyklen** klären
4. Klären, welche Teilleistungen am Ende eines Mesozyklus in der Schwerpunktaufgabe erreicht werden sollen
5. Festlegen der **Mikrozyklen;** dabei besonders Belastungsumfang und Intensität so planen, daß es von Trainingseinheit zu Trainingseinheit zu einer Belastungssteigerung und dadurch auch zu einer Aufstockung der Ermüdung kommt, woran sich eine Phase der Wiederherstellung anschließt.

Ausgewählte Beispiele für das Anwenden der Zyklusmethode:
Zu 1. Bestimmung der methodischen Reihung der Schwerpunktaufgaben, mitlaufenden Aufgaben, Maßstäbe und Tests, wie in den Tabellen 7 und 8 angegeben.
Zu 2. Die Anzahl der Mesozyklen und die Wettkampfhöhepunkte festlegen, wie im Bild 7 gezeigt. Dazwischen liegende Wettkämpfe sind im Sinne von Aufbauwettkämpfen aus dem aktuellen Trainingszustand heraus zu absolvieren. Förderlich ist es, wenn die ausgewählten Aufbauwettkämpfe mit den Schwerpunktaufgaben harmonieren oder ihnen direkt entsprechen.
Zu 3. Die Dauer der Mesozyklen ist für die unterschiedlichen Makrozyklen zu differenzieren. Zu Beginn des Trainingsjahres muß die Schaffung der allgemeinen Leistungsgrundlagen verstärkt werden, während im Makrozyklus vor dem Wettkampfhöhepunkt des Jahres akzentuiert die wettkampfspezifische Leistungsfähigkeit zu entwickeln ist (vgl. Tabelle 9).

Tabelle 9 Unterschiedliche Dauer der Mesozyklen in Abhängigkeit von der Länge der Makrozyklen (Vergleich 1. zu 4. Makrozyklus)

Wochen	36	37	38	39	40	41	42	43	44	45	46	47	48	49	50	51
Mesozyklen		I					II			III		IV			V	
Trainingsschwerpunkte	1	1	1	1	1/2	2/1	2/1	2	2	1	1/2	2/1	2	2/3	3	3

Wochen	28	29	30	31	32	33	34	35
Mesozyklen		I		II			III	
Trainingsschwerpunkte	1	1/2	2	2	2	3	3	3

Legende: 1 = Entwicklung grundlegender Leistungsvoraussetzungen
2 = Entwicklung spezifischer Leistungsvoraussetzungen
3 = Entwicklung der Wettkampfleistung

Zu 4. Dem Sportler ist zu begründen, welche Leistung von ihm am Ende eines Mesozyklus in einer ausgewählten Schwerpunktaufgabe erwartet wird. In einer Phase der akzentuierten Entwicklung der Grundlagenausdauer könnte das beispielsweise eine wesentliche Verbesserung der Leistung über 3000 m Freistil sein.

Zu 5. Die Mikrozyklen innerhalb eines Mesozyklus müssen so aufgebaut werden, daß der Sportler am Ende tatsächlich die gewünschte Teilleistung erreichen kann. Übungsleiter und Sportler brauchen Antworten darauf, ob der methodische Weg, Belastungsumfang und Intensität, Grad der Ermüdung und Wiederherstellungszeiten effektiv waren. Von diesen Antworten hängt die Planung des etwa gleichartigen Zyklus im nachfolgenden Makrozyklus ab, wobei noch erschwerend dazukommt, daß von Makrozyklus zu Makrozyklus eine Belastungssteigerung erreicht werden muß.

Es gibt verschiedene Typen von Mikrozyklen. *Mikrozyklen der Entwicklung* dienen der systematischen Belastungserhöhung und dazu, tatsächlich von Tag zu Tag mehr zu ermüden. Das ist notwendig, weil nur ein Organismus, der kurzzeitig überfordert ist, Anpassungsreaktionen auslöst und damit vorsorgt, daß er bei der nächsten hohen Belastungsphase besser vorbereitet, also leistungsfähiger ist. Es schließt sich ein *Mikrozyklus der Stabilisierung* an, in dem die Anforderungen etwas zurückgenommen werden, damit sich der Sportler von der Ermüdung bis zum nächsten Trainingstag erholen kann. Dieser Zyklus wird abgelöst von einem *Mikrozyklus der Leistungsausprägung*. In diesem wird zielstrebig daran gearbeitet, die geforderte Leistung erreichen zu können. Die Wiederherstellung spielt dabei eine große Rolle. Das erfordert vom Übungsleiter bzw. Trainer auch eine entscheidende erzieherische Einflußnahme auf den

Bild 10   Mesozyklus mit Akzent „Entwicklung der
Ausdauer unter aeroben Stoffwechselbedingungen"
(Grundlagenausdauer I)
a – Ziel: Verbesserung der 3000-m-Leistung eines
Leistungssportlers
b – Ziel: Leistungsverbesserung über 2000 m auf
niedrigerem Leistungsniveau
(SA-Schwimmart; i. W. – im Wechsel; F – Freistil;
L – Lagen)

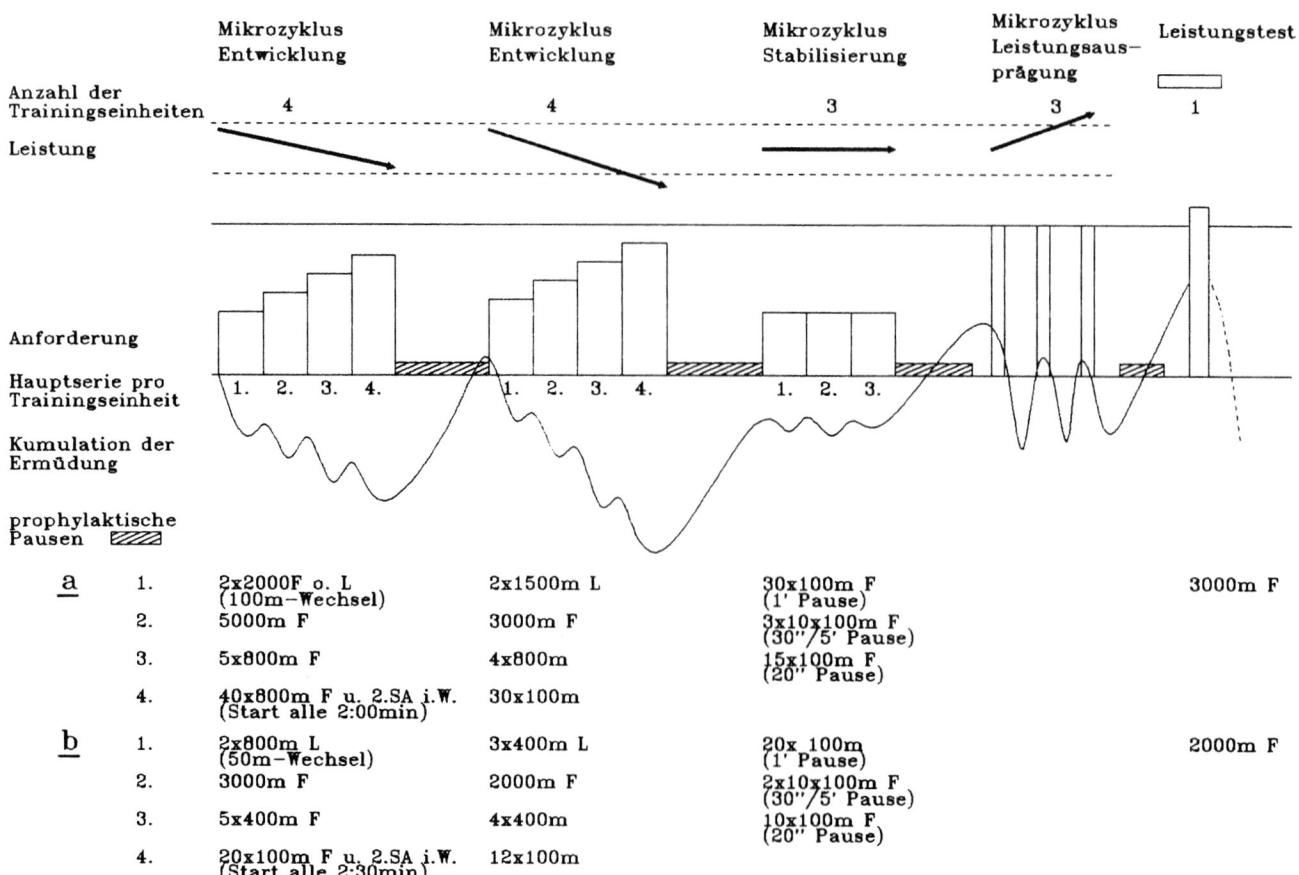

		Mikrozyklus Entwicklung	Mikrozyklus Entwicklung	Mikrozyklus Stabilisierung	Leistungstest
a	1.	2x2000F o. L (100m-Wechsel)	2x1500m L	30x100m F (1' Pause)	3000m F
	2.	5000m F	3000m F	3x10x100m F (30"/5' Pause)	
	3.	5x800m F	4x800m	15x100m F (20" Pause)	
	4.	40x800m F u. 2.SA i.W. (Start alle 2:00min)	30x100m		
b	1.	2x800m L (50m-Wechsel)	3x400m L	20x 100m (1' Pause)	2000m F
	2.	3000m F	2000m F	2x10x100m F (30"/5' Pause)	
	3.	5x400m F	4x400m	10x100m F (20" Pause)	
	4.	20x100m F u. 2.SA i.W. (Start alle 2:30min)	12x100m		

Sportler. Es darf nicht passieren, daß am Ende eines Mesozyklus das methodische Vorgehen und die Belastungshöhe verworfen werden, wenn die Teilleistungen in Wirklichkeit deshalb nicht erbracht wurden, weil durch Nichtbeherrschung die Wiederherstellungsphase falsch bemessen war. Bild 10 zeigt, wie Hauptserien zu unterschiedlichen Mikrozyklen zusammengestellt werden könnten.

In diesem Zusammenhang spielt eine wichtige Gesetzmäßigkeit, die **Superkompensation**, eine große Rolle. Die Anpassungsprozesse im Organismus erfolgen nur dann, wenn die Belastung so hoch war, daß der Sportler stark ermüdet und seine momentane Leistungsfähigkeit deutlich abfällt. In der anschließenden Erholungsphase wird dann ein neues Leistungsniveau erreicht.

Dieses Phänomen vor allem in der Phase der Vorbereitung auf wichtige Wettkämpfe be-

herrschen zu lernen ist eine wichtige Aufgabe für Trainer, Übungsleiter und Sportler zugleich. Eine gute Hilfe ist es, wenn man damit beginnt, die letzten 14 Tage vor einem Hauptwettkampf weitgehend zu standardisieren (Tabelle 10). Zu protokollieren sind dabei alle wichtigen Faktoren wie Schwimmserien, erreichte Zeiten, Pulswerte und schwimmtechnische Besonderheiten. Die Ergebnisse aus Beobachtungen können die Analyse sinnvoll ergänzen und sind wichtig für die nächste Aufgabe. Es gilt, auch ein Vorbelastungs- und Verhaltensprogramm für den Wettkampf auszuarbeiten. Unzureichend wäre es, lediglich ein Einschwimmprogramm aufzustellen und zu erproben, sondern es geht auch um solche Faktoren wie Schlaf, Ernährung, Gymnastik an Land, die psychische Einstimmung auf den Wettkampf und das alles in einem abgestimmten zeitlichen Verlauf. Je besser man das objektiviert und schließlich analysiert, desto genauere Korrekturen des Programms sind möglich.

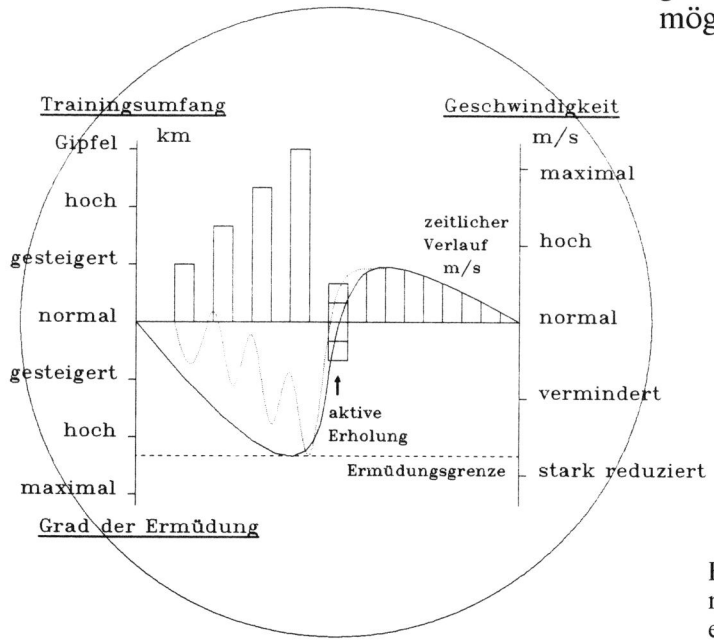

Bild 11   Zyklus der Superkompensation im mikrozyklischen Aufbau bei mehreren Trainingseinheiten pro Tag

Tabelle 10   Beispiele für die Gestaltung der letzten 14 Tage vor den Hauptwettkämpfen in jedem Makrozyklus

Tage	Mo	Di	Mi	Do	Fr	Sa	So	Mo	Di	Mi	Do	Fr	Sa	So
Schwimmtraining	A 1.	A 2.	A 3.	Sa 1.	Sa 2.	E W 1	E W 1	A 2.	A 3.	Sa 1.	Sa 2.	S 1.2.	E W 2	E W 2
Landtraining	LDB	LDB	LDB	E	E	E	E	LDB	LDB	E	E	E	E	E
Wettkämpfe	Aufbauwettkämpfe												Haupt-wettkampf	

Trainingsschwerpunkte

Schwimmtraining:

- Ausdauer (A)
  1. 4×800 m GA 1, Pause: 3 min
  2. 8×200 m GA 2, Pause: 2 min
  3. 20×100 m GA 2, Start alle 2 min

- Schnelligkeitsausdauer (Sa)
  1. 2×4×50 m, Pause: 1 / 5 min
  2. 3×2×50 m, Pause: 15 s / 5 min

- Schnelligkeit (S)
  2. 2×4×25 m, Pause: 3 / 10 min
  2. 2×50 m, Pause: 5 min

- Standardeinschwimmprogramm (E)
  1000 m mit 2×50 m im Renntempo und 2–3 Starts, Wenden und Anschläge

- Wettkämpfe (W)
  1. Viele Starts mit Ausschöpfung der Reserven zur Entwicklung von Kampfgeist
  2. Konzentration auf den Hauptwettkampf

Landtraining:

- Lockerung, Dehnung, Beweglichkeit (LDB)
  Täglich 2×15 min entsprechend individueller Schwerpunkte

- Standarderwärmungsprogramm (E)
  Für Schnelligkeitsausdauer- und Schnelligkeitstraining und Wettkämpfe.
  Dauer: 20–30 min einschließlich Bewegungsvorstellungen

Entwicklung von Kraft, Gewandtheit, Beweglichkeit

Allgemeine Kondition, Kraft, Gewandtheit und Beweglichkeit lassen sich höchst effektiv an Land trainieren. Das führte dazu, daß erfolgreiche Trainer formulierten: „Ein guter Schwimmer wird an Land gemacht!" Diese Übertreibung soll wohl verdeutlichen, daß ohne Kraft, Gewandtheit und Beweglichkeit im Schwimmen gar nichts geht.

Entgegen den zahlreichen Publikationen zu diesem Thema, die eine Fülle von Übungen und praktische Hinweise zu deren Durchführung anbieten, soll es hier um konkrete Hinweise gehen, wie ein Übungsleiter oder Trainer sein eigenes Konzept aufbauen kann.

Entsprechend dem Alter der Schwimmer muß erst einmal Klarheit darüber bestehen, warum, was und wie an Land trainiert werden soll.

Landtraining

An Land kann vieles besser und rationeller als im Wasser trainiert werden. Beim Krafttraining beispielsweise können gezielt Widerstände oder Lasten variiert werden. Für die Entwicklung der Muskelkraft einzelner Körperbereiche können spezielle Übungen ausgewählt und systematisch trainiert werden. Auf diese Weise lassen sich in kurzer Zeit Schwächen beseitigen. Das Training der Gewandtheit, Beweglichkeit und Dehnfähigkeit kann an Land ebenfalls gründlicher und vielseitiger

als im Wasser erfolgen. Dazu kommt, daß das erforderliche Gesundheitstraining an frischer Luft und mit vielseitigen Bewegungen viel besser zu realisieren ist als in einer Schwimmhalle.

Im Mittelpunkt das Landtrainings für Schwimmer müssen drei große Komplexe stehen:
- Grundlegende Kraftentwicklung
- Gewandtheitsschulung
- Verbesserung bzw. Erhalt von Beweglichkeit und Dehnfähigkeit.

Sie sind unbedingt als Einheit zu betrachten. Die Vernachlässigung des einen oder anderen Komplexes führt zu Nachteilen in der schwimmerischen Leistungsentwicklung.

Grundlegende Kraftentwicklung
Die verschiedenen Schwimmstrecken und -disziplinen erfordern sehr differenzierte Kraftfähigkeiten. Eines aber brauchen sie alle:

> *Regel 12*
> *Für das Schwimmen sind vielseitige grundlegende Kraftfähigkeiten mit einem ausgewogenen Verhältnis von Ausdauer-, Schnell- und Maximalkraft erforderlich.*

Je höher das Niveau des allgemeinen Kraftpotentials aller wesentlichen Muskeln bzw.

Muskelgruppen ist und je optimaler das Kraftniveau einzelner Muskelgruppen bzw. Muskeln aufeinander abgestimmt ist, desto besser ist die Voraussetzung für das spezifische Training. Schwimmer sollen aber keine Gewichtheber werden; die Besonderheiten des Schwimmens sind zu beachten.

Schwimmen ist eine Kraftausdauersportart, in der beträchtliche Widerstände über unterschiedliche Zeitabschnitte hinweg zu überwinden sind. Alle Wettkampfdisziplinen haben zyklische Bewegungsabläufe, d.h. einen typischen rhythmischen Wechsel zwischen Spannung und Entspannung.

Regel 13
Die in der jeweiligen Wettkampfdisziplin vorherrschende Arbeitsweise des Nerv-Muskel-Systems soll auch im grundlegenden Krafttraining dominieren.

Am **Beispiel** des Trainings am Gummiseil soll das veranschaulicht werden: Beim Auszug des Gummiseils steigt der Widerstand, den die Arme zu überwinden haben, doch nach Beendigung der Zugphase erfolgt keine Entspannung. Das Zurückführen der Arme in die Ausgangsposition muß ebenfalls gegen den Widerstand des Seils realisiert werden. Das ist ein Verstoß gegen die Regel 13, außerdem kann das noch zu Schulterbeschwerden beim Schwimmer führen. Richtig und entsprechend dem fürs Schwimmen charakteristischen Kraft-Zeit-Verlauf wäre die Belastung an Geräten, die nur in Zugrichtung Widerstand bieten und an denen sich lange Arbeitswege realisieren lassen.

Zum Schwimmen gehören nicht nur die Bewegungsabläufe der verschiedenen Schwimmarten für das Zurücklegen der Strecke, sondern auch die Starts und Wenden. Dafür wird ein anders gerichtetes grundlegendes Krafttraining benötigt. Die Sprung- und Abstoßkraft ist eine Form der Schnellkraft mit einem hohen Maximalkraftanteil. Die Sprungkraft ist eine ganz wesentliche Leistungsvoraussetzung für einen guten, explosiven Start. Da die Startleistung das Gesamtergebnis im Wettkampf, besonders auf den 50-m-Strecken, stark beeinflußt, ist die Sprungkraftentwicklung besonders für Sprinter wichtig. Dagegen nimmt die Bedeutung der Abstoßkraft mit der Anzahl der Wenden, die der Schwimmer in einem Wettkampf zu machen hat, zu. Ein Verlust von nur 0,1 Sekunden bei jedem Abstoß gegenüber dem sportlichen Rivalen bedeutet beispielsweise auf einer Strecke von 1500 m Freistil auf einer 25-m-Bahn schon eine Einbuße von 5,9 Sekunden. Das Training der Kraftvoraussetzungen für die Starts und Wenden muß den gleichen Prinzipien folgen, wie in der Regel 13 formuliert. Nur geht es hier um andere Muskelgruppen als beim Schwimmen, weshalb folgende Regel beachtet werden muß:

Regel 14
Es sind Trainingsübungen auszuwählen, die die muskulären Hauptantriebe im Fuß-, Knie- und Hüftgelenk vergrößern.

Gewandtheitsschulung

Gewandtheit braucht der Schwimmer für ein effektives, vielseitiges Training an Land und für das Erlernen und Vervollkommnen der verschiedenen Schwimmarten, Starts und Wenden. Je mehr Bewegungserfahrungen ein Schwimmer hat, desto schneller und besser kann er neue Bewegungen erlernen oder Korrekturen an sportlichen Techniken ausführen. Letzteres kommt zustande, weil es eine gute Gewandtheit erlaubt, aktuelle Informationen schnell zu verarbeiten. Ein gewandter Schwimmer ist in der Lage, ungewöhnliche Situationen im Training oder Wettkampf wie Stolpern, Ausrutschen, Wasserschlucken schnell zu meistern und das verlorengegangene Gleichgewicht rasch wieder herzustellen, den Rhythmus schnell wieder zu finden. Die Gewandtheit kann nur gesteigert werden, wenn die Anforderungen an die Koordinationsschwierigkeiten erhöht werden.

Regel 15
Wer keine neuen Bewegungen mehr erlernt, sich koordinativ schwierigen Aufgaben nicht mehr stellt, verliert seine Fähigkeit, bei sich plötzlich verändernden Situationen richtig zu reagieren und Schaden von sich abzuwenden.

Verbesserung bzw. Erhalt von Beweglichkeit und Dehnfähigkeit

Geringe Leistungsfortschritte von Schwimmern oder sogar Verletzungen können die Folge einer Vernachlässigung dieses Komplexes sein. Ein durch Dehnübungen gelenkig gehaltener Körper ist belastungsfähiger und weniger verletzungsanfällig. Ein beweglicher Sportler, d.h. ein Sportler, der die Fähigkeit besitzt, Bewegungen mit einer großen Amplitude auszuführen, hat die Möglichkeit, optimale sportliche Techniken zu realisieren. Somit ist das ein Gebiet des Trainings, dem man gar nicht genug Aufmerksamkeit schenken kann. Beweglichkeit, Geschmeidigkeit, also Verbesserung der Dehnungseigenschaften und der Elastizität der Muskeln, Sehnen und Bänder, können zielstrebig bis ins hohe Alter verbessert werden. Besonders geeignet sind dafür das grundlegende Krafttraining und das Stretching.

Vor allem zwei wesentliche Komponenten sind zu realisieren:
– Kräftigung der Haupt- und Hilfsmuskulatur, die den Vortrieb im Wasser bewirken soll
– Dehnung der Gegenmuskulatur, der Antagonisten.

Vernachlässigen darf man aber auch nicht die Muskulatur, die zwar nicht direkt an der Bewegung beteiligt ist, aber den Körper in einer bestimmten Lage stabilisiert, damit überhaupt eine optimale Schwimmtechnik ausgeführt werden kann.
Einseitiges, falsches Krafttraining kann zur Verkürzung der Muskulatur führen und dadurch in bestimmten Bereichen die Beweglichkeit einschränken.
Ist beispielsweise die Wadenmuskulatur eines Schwimmers verkürzt, kann das dazu führen, daß er die erforderlichen Startposition für einen Greifstart nicht mehr einnehmen kann.
Muskeln, die knotig und massig aussehen, sind für Schwimmer nicht geeignet. Sie sind für hohe Ausdauerleistungen nicht gut, weil verkürzte und verdickte Muskeln auf die Gefäße drücken. Damit behindern sie den Blutfluß und die so wichtige Versorgung der Muskelzellen mit Sauerstoff.

<table>
<tr><td colspan="3">Tabelle 11</td></tr>
</table>

Reihenfolge	Kurzbezeichnung der Übung	Nummer
1.	Liegestütz aus der Schräglage	4
2.	Streckhang an der Sprossenwand	7
3.	Liegestütz	1
4.	Klimmzüge	2
5.	Liegestütz-Treppensteigen (Schwedenbank)	12
6.	Drücken vom Kopf- in den Handstand (Beine stützen gegen die Wand)	15
7.	Beugestütz (Barrenholme)	3
8.	Kurz-Klimmzüge aus gestreckter Rückenlage	14

> **Regel 16**
> *Weder überdehnte noch verkürzte Muskeln können maximale Kräfte entwickeln.*

Zum Training der Kraft

Durch das Krafttraining muß unbedingt die Einheit von Kräftigen und Dehnen realisiert werden.

Ein guter Trainingsplan ist auch hier ein Garant für den Erfolg. Die methodischen Grundsätze sind einzuhalten und vor allem müssen die richtigen Lasten und Trainingsintensitäten gewählt werden. Die nachfolgend genannten Schritte und Beispiele sollen dem Trainer und Übungsleiter Anregungen sein, sich verstärkt mit diesen Problemen auseinanderzusetzen.

Da das Ziel darin besteht, sowohl die allgemeine Kräftigung des gesamten Körpers als auch die für das Schwimmen speziell benötigte Muskulatur zu entwickeln, sollte eine Übungssammlung angelegt werden, die zu ordnen ist nach ihrem Einfluß auf:
– die vorrangige Entwicklung der Armkraft,
– die vorrangige Entwicklung der Beinkraft,
– die vorrangige Entwicklung der Rumpfkraft.

Alle Übungen einer Gruppe sollten numeriert und mit wichtigen Hinweisen zur Qualität der Übungsausführung versehen werden. Bewährt hat es sich beispielsweise, ein **dreistufiges Programm** für die allgemeine und spezielle Armkraftentwicklung zusammenzustellen. Exemplarisch wird das nachfolgend beschrieben.

1. Stufe – Übungen mit Überwindung des eigenen Körpergewichts (Tabelle 11)

Nach Auswahl der Übungen legen Sie die Anzahl der Wiederholungen fest. Da sicher nicht alle Mitglieder Ihrer Trainingsgruppe einen gleichen Leistungsstand haben, empfiehlt es sich nicht, die gleiche Wiederholungszahl von allen zu verlangen. Dadurch würden einige unter-, andere überfordert und nur wenige individuell optimal belastet. Somit ist vorab die maximale Leistungsfähigkeit jedes einzelnen für jede Übung zu testen. Dann werden zwischen 50 und 60 Prozent davon für das Training angesetzt. Auch wenn die Schwimmer nach zwei bis drei Wochen deutlich kräftiger geworden sind und eine höhere Maximalleistung haben, bleibt es bei der festgelegten Prozentzahl.

2. Stufe – Übungen mit Gewichten oder Trainingspartner

Die Wiederholungszahlen richten sich auch hier nach der individuellen Leistung und der Bewältigung der Maximallast. Da Schwimmer vorrangig Ausdauerkraft oder Schnelligkeit brauchen, sollen sie mit 50 bis 60 Prozent ihrer Maximallast trainieren.

Tabelle 12

Reihenfolge	Kurzbezeichnung der Übung	Nummer
1.	Drücken des Partners aus der Rückenlage	5
2.	Bankdrücken	2
3.	Anreißen	1
4.	Armbeugen	3
5.	Liegestütz-Kampf	7
6.	Armbeuge mit Rundgewicht	6
7.	Drücken des Partners in die Senkrechte	10
8.	Beugestütz am Barren mit Zusatzlast	12

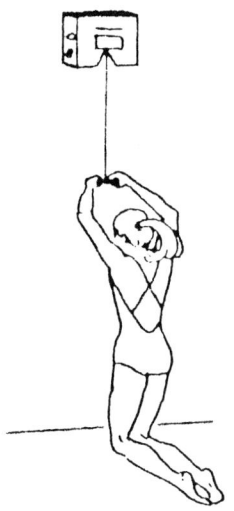

Bild 12   Mini-Gym

3. *Stufe* – Übungen an Spezialgeräten für Schwimmer

Die Übungsauswahl richtet sich zuerst danach, welche Geräte zur Verfügung stehen.

Ein relativ einfaches Gerät ist der Zugschlitten. Eine Turnbank wird in die Sprossenwand eingehängt und der Schlitten auf die Bank gestellt. Der Schwimmer legt sich auf den Schlitten und zieht sich an den seitlich befestigten und mit Griffen versehenen Seilen hoch (vgl. Bild 13). Der Widerstand, den der Sportler überwinden muß, ist abhängig von der Zugfrequenz, dem Körpergewicht und dem Neigungswinkel der Turnbank (Höhe der Sprosse). Ebenfalls zu empfehlen ist das Mini-Gym (Bild 12). Es bietet eine große Variationsbreite hinsichtlich der Wahl von Widerstandsbereichen. Mit Hilfe einer Biokinetikbank (Biobank) läßt sich von der Maximalkraft über die Ausdauerkraft bis hin zur Schnellkraftentwicklung alles entwickeln, was ein Schwimmer benötigt (Bild 14).

Die zehn verschiedenen Widerstandsstufen der Biobank eignen sich bestens zur Feststellung der maximalen Arbeitswerte pro Stufe sowie auch für Stufentests. Aufbauend auf den erreichten Werten können Trainingsserien für unterschiedliche Aufgabenstellungen ausgewählt werden.

Die Stufen 0 bis 3 eignen sich zur Maximalkraftentwicklung,

die Stufen 4 bis 6 zur Kraftausdauerentwicklung und

die Stufen 7 bis 9 zur Schnellkraftausdauerentwicklung

(diese Aussagen sind relativ und nur bezogen auf das Schwimmen).

Leistungsstarke Schwimmer unterscheiden sich von leistungsschwachen vor allem durch den Ausprägungsgrad des sensomotorischen

43

Bild 14
Biokenetik-Bank (Biobank)

Tabelle 13   Vergleich der Arbeitswerte eines leistungs-
starken mit denen eines leistungsschwächeren
Schwimmers der Nationalmannschaft

Stufe	Arbeitswerte des leistungsstarken Schwimmers (kp/m)	Arbeitswerte des leistungsschwächeren Schwimmers (kp/m)
0	37	38
1	35	36
2	34	34
3	33	32
4	32	30
5	30	26
6	28	23
7	25	19
8	21	16
9	19	12

Empfindens und der Beschleunigungsfähig-
keit.
Pro Stufe sollte der Arbeitswert (kp/m) für
einen Zug möglichst nur um 1 kp/m abneh-
men. Einzelne Sportler haben Abfälle bis zu
4 kp/m beim Übergang zur nächsthöheren
Stufe. Das belegt, daß die Zuschaltung von
Muskelfasern je nach Größe des Widerstandes
und der Beschleunigungszeit nicht genügend
trainiert ist, daß am variablen Bewegungsgefühl gearbeitet werden muß.
Besonders krasse Unterschiede gibt es zwischen den Stufen 7 bis 9.

Beim *Stufentest* empfiehlt es sich, 10 Wiederholungen auf den festgelegten Stufen absolvieren zu lassen. Vom maximalen Arbeitswert für
einen Zug bis zum zehnfachen Wert beim
Stufentest sollte die Differenz möglichst gering sein.

Für das *Kraftausdauertraining* werden Serien
empfohlen, die den Schwimmzeiten für 200-
oder 400-m-Strecken ähnlich sind, z. B. 4 × 80
Züge Kraul oder 4 × 40 Züge Delphin.
Die Intensitäten auf der Stufe 5 sollten zwischen 50 und 60 Prozent vom Maximalwert
dieser Stufe betragen.

Für die *Schnellkraftentwicklung* gelten
Schwimmzeiten für die 25- oder 50-m-Strek-
ken. Die Intensitäten auf den Stufen 7 bis 9
müssen 80 bis 90 Prozent betragen.

Tabelle 14   Beispiel für einen Stufentest 5×10 Züge,
30 Sekunden Pause

Stufe	0	3	5	7	9
Maximalwert	37	33	30	25	19
10 Wiederholungen	345	302	288	243	186

Entsprechend diesem dreistufigen Beispiel-
programm für die Armkraftentwicklung sollte
auch zur Entwicklung der Bein- und Rumpfkraft verfahren werden. Ein Auswechseln einzelner Übungen erfolgt erst dann, wenn jeweils das geplante Trainingsziel erreicht
wurde.
Es ist natürlich auch möglich, in jeder Trainingseinheit Übungen für die Arm-, Bein- und
Rumpfkraftentwicklung zu mischen. Für das
Training mit Kindern, Jugendlichen und Senioren empfiehlt sich das sogar. Für Hochlei-
stungssportler dagegen ist es besser, deutliche
Akzente zu setzen. Dadurch kann die Bela-

stung jeweils höher gewählt werden. Die stark ermüdete Muskulatur kann sich dann länger erholen, und es wird stets ein gewisser Superkompensationseffekt erzielt.

Hat man beispielsweise in einem Mesozyklus der Kraftentwicklung pro Woche sechs Trainingseinheiten zur Verfügung, dann wäre folgender Plan möglich:

Montag und Donnerstag – Armkraftentwicklung

Dienstag und Freitag – Beinkraftentwicklung
Mittwoch und Sonnabend – Rumpfkraftentwicklung

In jedem Makrozyklus sind die Belastungen zu steigern, auch wenn für das Krafttraining infolge der Zunahme des Schwimmtrainings weniger Zeit zur Verfügung steht.

Das Wichtigste in Kürze

- Gründliches Erwärmen ist wichtig.
- Die Gelenke müssen durch Gymnastik beweglich gemacht werden.
- Vor dem Kräftigen der Muskulatur steht das Dehnen und Strecken.
- Die richtige Technik ist zu vermitteln, und auf die Einhaltung der Qualitätsmerkmale ist zu achten.
- Immer wieder ist auf ruhiges Atmen und Vermeiden von Preßatmung zu achten.
- Ruckartige Bewegungen sollten nicht auf dem Programm stehen.
- Sobald bei einem Sportler Schmerzen auftreten, sollte das Üben unterbrochen werden.
- Zwischen den Übungen und besonders nach dem Krafttraining sollten die Sportler Möglichkeiten haben, sich zu lockern und zu entspannen.

Zum Training der Gewandtheit

Vielfältige, koordinativ ungewohnte Übungen sollen berücksichtigt werden. – Auch hier lohnt es sich, eine Übungssammlung anzulegen. Wenn die Möglichkeit besteht, eine kleine Trainingsstrecke im Freien festzulegen und dabei so viele natürliche Hindernisse wie möglich einzubeziehen, sollte diese genutzt werden. Springen, Werfen, Hüpfen, Balancieren kann man mit zusätzlichen Schwierigkeiten spicken, z. B. mit Drehungen oder Rückwärtsbewegungen. Geeignet und beliebt sind auch Kleine Spiele sowie lustige Staffeln. Ein allgemeiner Gewandtheitstest sollte regelmäßig durchgeführt werden, damit die Schwimmer spüren, daß auf diese wichtige Leistungsvoraussetzung großer Wert zu legen ist. In der Praxis hat sich der Kasten-Bumeranglauf bewährt (Bild 15).

Das Wichtigste in Kürze

- Beim Training im Freien sollten die Sportler eine zweckmäßige, atmungsaktive, nicht einengende Kleidung und gute Sportschuhe tragen.
- Ein gründliches Erwärmen ist wichtig.
- Besonders auf die Qualität der Übungsausführung ist Wert zu legen.
- Auf eine gute Nachbereitung des Trainings muß geachtet werden.

Zum Training der Beweglichkeit und der Dehnfähigkeit

Die Übungssammlung sollte entsprechend dem Muster beim Krafttraining angelegt werden. Die Vielfalt der angebotenen Übungen in Fachbüchern, Zeitschriften und Videos ist enorm. Prinzipiell sind nur solche auszuwäh-

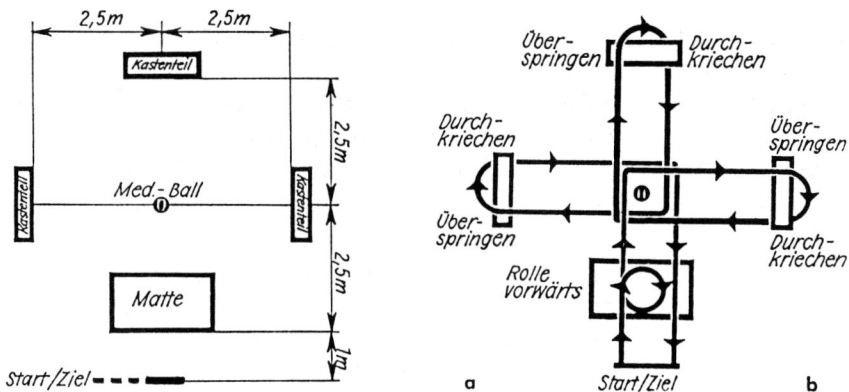

Bild 15
Gewandtheitslauf als Kasten-Bumeranglauf
a Geräteaufbau
b Streckenverlauf
Beschreibung: Hochstart, Rolle vorwärts auf der Matte –
$^1/_4$-Kreis um den Medizinball laufen – Kastenteil 1 –
Umlaufen des Balles – Kastenteil 2 – Umlaufen des Balles
Kastenteil 3 – Umlaufen des Balles – Ziellinie. Der Medizinball befindet sich stets rechts vom Läufer und wird
nicht berührt. Der letzte Abschnitt des Laufes vom Medi-
zinball zur Ziellinie wird frei durchlaufen (ohne Rolle!).
Das Kastenteil wird aus der Laufrichtung nach außen frei
übersprungen und anschließend von außen durchkro-
chen. Jüngere (kleinere) Sportler, die den Kasten nicht
überspringen können, dürfen ihn überklettern. Der
sichere Stand ist dabei durch Festhalten seitens anderer
Teilnehmer zu gewährleisten.
Wertungsregeln: Die Versuchspersonen haben einen
Probe- und einen Wertungslauf. Wenn der Ball beim
Umlaufen so angestoßen wird, daß er seine Lage verän-
dert, dann ist der Versuch ungültig und wird wiederholt.
Leistungsregistrierung: Registriert wird die Zeit (in
Sekunden und Zehntelsekunden) vom Startkommando
bis zum Überschreiten der Ziellinie

len, die tatsächlich auch nutzbringend für eine
spätere gute Schwimmleistung erscheinen. So
muß sich ein Schwimmer zum Beispiel wohl
nicht darum bemühen, einen Spagat zu können.
Parallel zu den Dehnungsübungen sollten
auch Lockerungs- und Entspannungsübungen
zusammengestellt werden, damit im Verlauf
und zum Ausklang einer Trainingseinheit eine
optimale Wiederherstellung bzw. Erholung
realisiert werden kann. Der Fakt, daß das in
der Praxis nur in seltenen Fällen wirklich ernst
genommen wird, verhindert eine ausreichend
hohe Trainingsintensität in der nachfolgenden
Trainingseinheit. Ursache sind die zu großen
Ermüdungsrückstände.
Bei den Dehnungsübungen sind einige Besonderheiten zu beachten. Die Dehnfähigkeit der
Muskulatur kann durch **aktive** und durch **passive** Dehn- und Dehn-Kraft-Übungen erreicht
werden. Aktiv bedeutet, daß der Schwimmer
allein durch die Kraftentfaltung seiner Muskulatur seine normale Bewegungsamplitude
überschreitet. Einen größeren Effekt kann
man erzielen, wenn eine reizwirksame Deh-
nungshaltung, also eine noch größere Bewegungsamplitude durch das Einwirken äußerer
Kräfte erzwungen wird (passive Beweglich-

47

keit). Diese Kräfte können durch Trainingspartner, Physiotherapeuten, den Einsatz von
Zusatzlasten oder Trainingsgeräten erzeugt
werden. Die gegenseitige Unterstützung durch
Trainingspartner darf aber nur dann erfolgen,
wenn zuvor eine gründliche Einweisung erfolgte und wenn garantiert werden kann, daß
behutsam vorgegangen und bei Signalisierung
von Schmerzen sofort beendet wird.

Die **Dehnungsmethoden** richten sich nach den
differenzierten Eigenschaften des Muskels.

Methode der wiederholten Dehnung
Sie geht davon aus, daß der Muskel sich von
Wiederholung zu Wiederholung weiter deh-
nen kann, als beim vorherigen Versuch. Nach
zehn bis fünfzehn Wiederholungen mit kurzen
Pausen werden gute Resultate erzielt.

Methode der Dauerdehnung
Sie geht davon aus, daß der Dehnungseffekt
von der Dehnungsdauer abhängig ist. Zuerst
muß der Sportler die zu dehnenden Muskeln
gut entspannen und dann für 20 bis 30 Sekunden dehnen. Jede Übung sollte drei- bis fünf-
mal wiederholt werden.

Bild 16   Übungsbeispiele für die Methode
der wiederholten Dehnung

Methode der Vorspannung
Sie nutzt den Fakt, daß der Muskel auf einen
großen Spannungsreiz nur mit einer geringen
Gegenspannung antwortet, wenn unmittelbar
vorher eine Anspannung erfolgte. Der
Schwimmer führt eine Übung bis etwa zur
Hälfte seiner Bewegungsamplitude aus und
spannt den Muskel dann sieben Sekunden gegen den Widerstand des Partners an. Danach
wird langsam durch den Partner gedehnt, bis
ein leichtes Ziehen (kein Schmerz) einsetzt.
Nach etwa 20 Sekunden sollte das Ziehen ab-

klingen, dann kann der Druck noch einmal
kurz verstärkt werden.

Das Wichtigste in Kürze
- Gründliches Erwärmen ist wichtig.
- Die Gelenke lassen sich hervorragend durch
  Gymnastik beweglich machen.
- Die Bewegungen sollten langsam und kei-
  nesfalls ruckhaft ausgeführt werden.
- Auf ein ruhiges, gleichmäßiges Atmen ist zu
  achten.

Bild 17   Übungsbeispiele für die Methode der Dauerdehnung

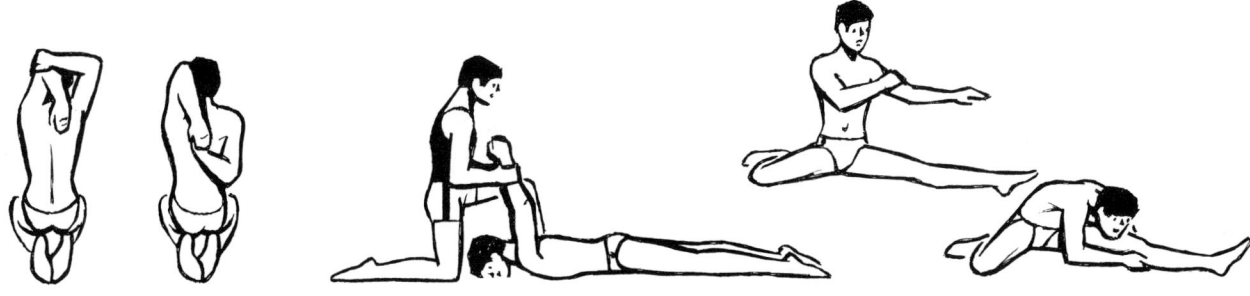

Bild 18   Übungsbeispiele für die Methode der Vorspannung

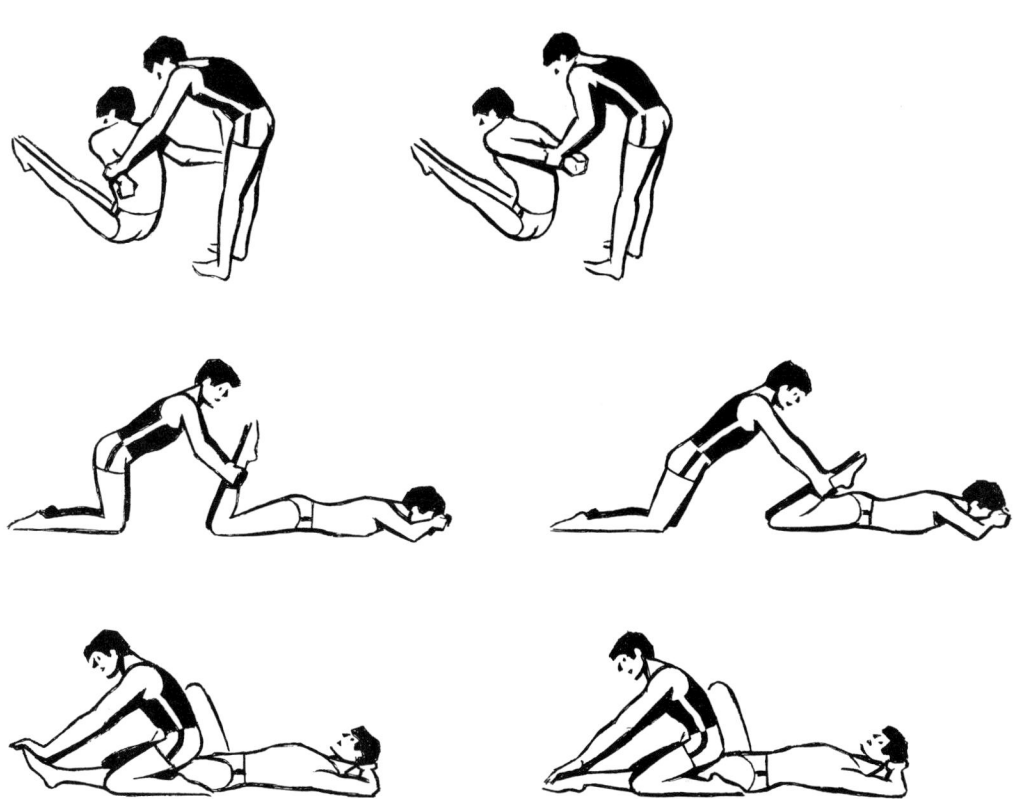

- Keinesfalls darf bis an die Schmerzgrenze gedehnt werden.
- Ein Nachfedern beim Üben wäre falsch.
- Ein Schutz vor Kälte (besonders vor kalten Fußböden) muß gewährleistet sein.
- Dehnungsübungen sollten täglich durchgeführt werden (an trainingsfreien Tagen auch zu Hause).

Wassertraining

Kraft, Beweglichkeit und Gewandtheit lassen sich in gewissem Maße auch im Wasser trainieren. Vor allem bei relativ untrainierten, neu gewonnenen Mitgliedern kann auch im Wasser eine relativ hohe Trainingswirksamkeit erzielt werden. Für Leistungssportler dagegen ist es nur dann besonders effektiv, wenn vorher an Land schon eine umfassende allgemeine Konditionierung erfolgte. Der Vorteil des Trainings im Wasser besteht darin, daß die Übungen spezifischer auf die einzelnen Schwimmarten ausgerichtet werden können. In der Praxis selbst gibt es keine Umsetzungsprobleme. Das heißt, daß ein im Wasser erreichter Kraftzuwachs sich direkt in der Verbesserung des Antriebs und damit in der Schwimmleistung auswirkt. Dagegen kommt es oft vor, daß durch die Kraftentwicklung an Land das Wassergefühl verloren geht und der Schwimmer nicht sofort schneller schwimmen kann. Er muß die neu gewonnene Kraft erst in eine optimale individuelle Schwimmtechnik umsetzen.

Im Kapitel 1 wurde bereits auf wichtige Bedingungen für das schwimmartbezogene Krafttraining im Wasser hingewiesen. Auf die Hauptpunkte wird nachfolgend nochmals Bezug genommen.

> **Regel 17**
> *Kraftentwicklung, Verbesserung der Beweglichkeit und Ausprägung des Wassergefühls gehören untrennbar zusammen.*

Die Schwimmer müssen es lernen, den Wasserwiderstand geschickt auszunutzen, sich vom Wasser so gut abzudrücken, daß sie viel Vortrieb pro Bewegung erreichen. Alle Bewegungen, die bremsen, müssen auf ein Minimum reduziert werden. Schwimmer können viel von den Fischen lernen. Harmonische, kraftvolle Bewegungen – mit dem für das Schwimmen typische Bewegungsmuster von Spannung und Entspannung – müssen gelernt werden.

Die dafür aufgewendete Trainingszeit wird sich immer positiv auf die Leistungsentwicklung auswirken.

Leider wird häufig diese Aufgabe als Ballast angesehen, der sie davon abhält, möglichst viele Schwimmkilometer zu erreichen.

> **Regel 18**
> *Kraftentwicklung erfolgt durch Erhöhung des Wasserwiderstands.*

Die Forderung nach sehr hohen Schwimmgeschwindigkeiten beim Krafttraining gilt auch bei der Verwendung von Hilfsmitteln. Häufig werden Schwimmbremsen, Hand- und Fingerbretter, mit Sand gefüllte Gürtel u. ä. angewandt. Dabei besteht die Vorstellung, daß die als Bremse wirkenden Flächen oder Zusatzge-

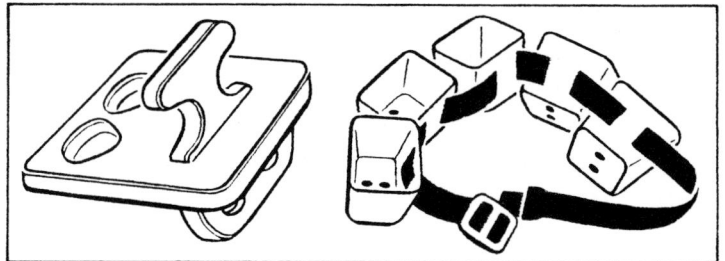

wichte den Schwimmer zu einem größeren Krafteinsatz zwingen. Dem aber kann man nicht uneingeschränkt zustimmen. Eine Systematisierung nach Trainingsziel und Schwimmgeschwindigkeit ist genauso erforderlich wie bestimmte Anforderungen an die Schwimmtechnik und die Streckenlänge.

Einsatz bremsender Mittel zur Erhöhung des Kraftimpules pro Schwimmzyklus

Im Vergleich zum Schwimmen ohne solche Hilfsmittel (Bild 19), verringert sich die Schwimmgeschwindigkeit. Die subjektive körperliche Anstrengung ist größer, wenn die Geschwindigkeiten der Extremitäten beibehalten werden sollen. Erfüllt der Schwimmer die zuletzt genannte Forderung, dann verlängert sich der Antriebsweg. Das Ziel, einen erhöhten Kraftimpuls pro Schwimmzyklus zu setzen, würde damit erreicht.

Tabelle 15   Beispiel für die Durchführung einer Trainingsserie zur Erhöhung des Kraftimpulses pro Zyklus

Erste Aufgabe	4×25 m maximale Geschwindigkeit
	1. 13,7 s 30 s Pause
	2. 13,8 s 60 s Pause
	3. 13,6 s 90 s Pause
	4. 13,8 s –
	200 m locker schwimmen ohne Bremse
Zweite Aufgabe	4×50 m maximale Geschwindigkeit
	1. 34,2 s 60 s Pause
	2. 34,4 s 90 s Pause
	3. 34,8 s 120 s Pause
	4. 34,2 s –
	200 m locker schwimmen ohne Bremse
Dritte Aufgabe	25 m maximale Geschwindigkeit, möglichst eine neue Bestleistung erreichen

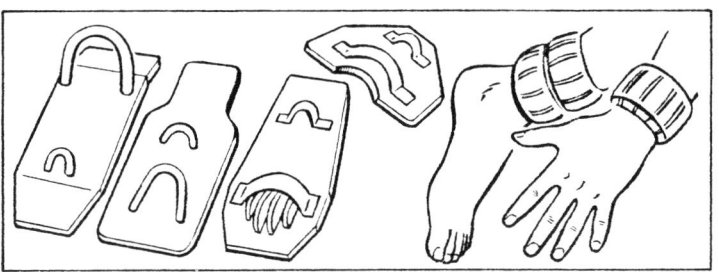

Bild 20
Verschiedene Hand- und Fingerbretter sowie Auftriebshilfen

51

Das bedeutet aber auch, daß ein negativer Trainingseffekt erreicht werden kann, wenn die Schwimmgeschwindigkeit und die Geschwindigkeiten der Extremitäten zu weit abfallen. Die Trainingsempfehlung lautet deshalb: „Trainiert auf 25- bis 50-m-Strecken mit höchster Geschwindigkeit." Die Pausen dazwischen müssen so lang sein, daß der Schwimmer beim nächsten Versuch so erholt ist, daß er ähnliche Leistungen wie im ersten Versuch wiederholen kann.

Schwimmen mit Antriebsflächen vergrößernden Mitteln zur Entwicklung schwimmspezifischer Kraft oder Verbesserung des Wassergefühls

Flossen, Hand- und Fingerbretter (Bild 20) können zu höheren Schwimmgeschwindigkeiten führen. Das resultiert aus einer Verlängerung des Zyklusweges. Die relativen Geschwindigkeiten der Extremitäten werden aber verringert. Damit entfällt die wichtigste Bedingung für den Kraftreiz: ein höherer Widerstand. Erfahrene Übungsleiter und Trainer folgen deshalb nicht den Wünschen ihrer Schwimmer nach langen Strecken, wenn es um die Kraftentwicklung gehen soll. Soll es dagegen um die Verbesserung des Wassergefühls gehen, dann sind die unterschiedlichsten Hilfsmittel auch auf längeren Teilstrecken sinnvoll. Voraussetzung sind jedoch ständig

Tabelle 16 Beispiel für die Durchführung einer Trainingsserie zur Entwicklung der Kraftausdauer mit Handbrett bei unterschiedlichen Ausgangsleistungen

	50 m Freistil	50 m Rückenkraul
Ausgangsleistung Schwimmer A	35,0 s	41,0 s
Ausgangsleistung Schwimmer B	41,0 s	45,0 s
Aufgabe	2 Serien von 4x50 m Freistil im Wechsel, Pausenzeiten 1 min/ Serienpause 5 min	
Reihenfolge	1., 3., 5., 7.	2., 4., 6., 8.
Vorgabe für Schwimmer A	33,2 s – 34,0 s	42,2 s – 43,1 s
Vorgabe für Schwimmer B	43,2 s – 43,1 s	46,4 s – 47,3 s

wechselnde Anforderungen an die Schwimmtechnik, damit die Schwimmer Gefühl für unterschiedliche Wasserwiderstände entwickeln können.

Aber zurück zur Kraftentwicklung: Soll die Armkraft mit Hilfe von Handbrettern verbessert werden, so sind die Größe des Brettes und die Schwimmgeschwindigkeit entscheidend. Die Handbretter (Bild 21) sollten auf keinen Fall um mehr als 30 Prozent größer als die jeweiligen Handflächen sein, weil sonst die Geschwindigkeiten nicht hoch genug gehalten werden können. Beim Trainieren mit Hand-

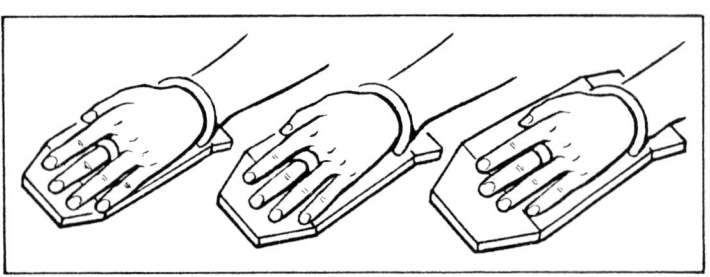

Bild 21
Handbretter unterschiedlicher Größe

brett sollte die Geschwindigkeit um drei bis fünf Prozent gegenüber dem freien Schwimmen erhöht werden. Beträgt die aktuelle Bestleistung über 50 m Freistil beispielsweise 35 Sekunden, dann müßte eine Zeit zwischen 34,0 bis 33,2 Sekunden gefordert werden. Damit der Schwimmer das richtige Bewegungsgefühl nicht verliert, ist nach dem Verwenden von Hilfsmitteln stets sofort ein Schwimmen auf „Rutsch" zu fordern.

Freies Schwimmen zur Entwicklung schwimmspezifischer Kraft und Beweglichkeit

Das ist vorrangig Schwimmen mit überhöhter Geschwindigkeit auf kürzesten Teilstrecken. Dafür eignet sich das sogenannte Querbahntraining. Bei Acht- bis Zehn-Sekunden-Kraftsprints können 15 bis 20 Prozent höhere Geschwindigkeiten als im Wettkampf erreicht werden. Die Pausen sind bewußt für die Verbesserung der Beweglichkeit zu nutzen.

Regel 19
Kraftentwicklung darf sich nicht nur auf die am Vortrieb beteiligten Hauptmuskelgruppen richten.

Die Gegenspieler und vor allem der Rumpf müssen in die Kräftigung und Dehnung einbe-

Tabelle 17   Bestenliste der ehemaligen DDR-Nationalmannschaft für 25- und 50-m-Strecken, absolviert in Delphinbewegungen in vier Lagen (Stand 1988)

	männlich		weiblich	
	25 m	50 m	25 m	50 m
Brustlage	12,4 s	30,1 s	14,8 s	32,9 s
Rückenlage	13,3 s	31,2 s	15,6 s	33,6 s
Seitenlage rechts	13,8 s	32,7 s	16,1 s	34,2 s
Seitenlage links	13,9 s	33,1 s	16,3 s	34,4 s

zogen werden. Dafür eignen sich alle Schwimmartenkombinationen und das Schwimmen mit den Einzelbewegungen der Arme oder Beine in der der Hauptschwimmart entgegengesetzten Körperlage. Delphin- und Bustschwimmer sollten auch die gleichen Bewegungen in der Rückenlage ausführen. Sinn für die Entwicklung von Kraft und Beweglichkeit hat das aber nur, wenn die Leistung in der Spezialdisziplin zum Maßstab erhoben wird. Schwimmt ein Schwimmer zum Beispiel 50 m Delphin in 35 Sekunden, dann muß er das in der Rückenlage auch anstreben. Für die Entwicklung der Rumpfkraft sind Delphinbewegungen in der Rücken- und der rechten sowie linken Seitenlage oder im Stand sehr trainingswirksam, vorausgesetzt, die Qualität der Übungsausführung und die Geschwindigkeit stimmen.

Das Übungsgut der Synchronschwimmerinnen enthält eine Fülle geeigneter Varianten, die sich jeder Übungsleiter und Trainer erschließen sollte.

Entwicklung von Ausdauer und Schnelligkeit

Ausdauer ist die Widerstandsfähigkeit des Organismus gegen Ermüdung bei lang andauerndem sportlichen Schwimmen. Das Training der Schwimmer dauert in der Regel zwischen ein bis zwei Stunden. Dafür soll der Schwimmer fit sein. Wer eine gute Ausdauer besitzt, erholt sich auch schneller von hohen Belastungen, so daß selbst ein zweimaliges Training pro Tag gut durchzustehen ist. Eine Teilnahme an einem Langstreckenschwimmen wäre dann auch kein Problem. Die meisten Schwimmer wollen aber vor allem auf einer relativ kurzen Strecke schneller schwimmen. Das erfordert auch Schnelligkeitsausdauer. *Diese ist die Ermüdungsfähigkeit des Organismus auf kurzen Schwimmstrecken (50 bis 100 m), die mit maximaler oder annähernd maximaler Geschwindigkeit zurückgelegt werden.* Die Pausen zwischen den einzelnen Wiederholungen müssen so lang sein, daß die Sportler immer wieder die gleiche oder fast die gleiche Zeit wie im ersten Versuch schwimmen können. Ist ihre grundlegende Ausdauer gut, erholen sie sich schon nach ein bis zwei Minuten ausreichend. Schwimmer mit hervorragender Ausdauer benötigen noch kürzere Pausen.

Genauso, wie die Ausdauer großen Einfluß auf die Schnelligkeitsausdauer ausübt, wird sie auch vom Entwicklungsstand der grundlegenden Schnelligkeit beeinflußt. *Schnelligkeit ist die Fähigkeit, sich auf kürzesten Schwimmstrecken (10 bis 25 m) mit höchstmöglicher Geschwindigkeit fortzubewegen.*

Das individuelle Ziel des Schwimmers – vor allem die Auswahl der bevorzugten Wettkampfstrecke, auf der er einmal beste Leistungen erreichen will – bestimmt die Proportionen, die für die Entwicklung der verschiedenen Fähigkeiten im Training festzulegen sind. Man sollte aber niemals vergessen, daß auch für das Training des 50 m Schwimmers folgendes gilt:

Regel 20
Eine hervorragende Ausdauer ist die sicherste Voraussetzung für hohe und stabile Wettkampfleistungen.

Ausdauertraining

Das Ausdauertraining mit Hilfe des Schwimmens ist auch sehr nützlich für Mitglieder, die keine Wettkampfschwimmer werden wollen. Ausdauertraining erhöht die Funktionstüchtigkeit des Herz- und Kreislaufsystems, des Stoffwechsels und der Atmung. Es schont wie keine andere Form des Ausdauertrainings die Gelenke, entlastet die Wirbelsäule und die Rückenmuskulatur. Schwimmen als Mittel zur Verbesserung der Ausdauer können auch behinderte Menschen vorzüglich nutzen. Die

Auswahl der Schwimmart muß bei gesundheitlichen Einschränkungen beachtet werden. Bei Verschleißerscheinungen in Knie- und Hüftgelenken oder im Bereich der Halswirbelsäule zum Beispiel, muß auf das Brustschwimmen verzichtet werden. Da viele, vor allem ältere Menschen, nur das Brustschwimmen beherrschen, lohnt es sich für Vereine, auch Schwimmkurse zum Erlernen des Rücken- und Freistilschwimmens anzubieten.

Für ein wirksames Ausdauertraining ist es wiederum wichtig, eine Konzeption zu haben. Für das Verständnis der nachfolgend beschriebenen Konzeption sind einige wenige Begriffserklärungen notwendig. Das Grundlagenausdauertraining wird zumeist **unter aeroben Stoffwechselbedingungen** durchgeführt, das heißt, der Sauerstoffbedarf des Organismus kann während des Schwimmens einer langen Strecke oder über längere Zeit mit kurzen Pausen fast vollständig gedeckt werden. Es wird nur eine geringe Sauerstoffschuld eingegangen. In der Literatur wird dieses als Training der Grundlagenausdauer I (GA I) oder Training im Ökonomisierungsbereich (GA-Ö) bezeichnet. Ein weiterer Bereich, das Grundlagenausdauertraining im Entwicklungsbereich (GA II oder GA-E), wird davon unterschieden. Das ist notwendig, weil dieses Training im aerob/anaeroben Übergangsbereich absolviert wird. Das heißt, daß eine Sauerstoffschuld des Organismus während des Schwimmens von mittleren Strecken (200 bis 400 m) eingegangen werden muß, weil ein Teil des Energiebedarfs nur durch anaerobe Prozesse abgedeckt werden kann.

Wird die Schwimmstrecke noch kürzer (25 bis 50 m), überwiegt die anaerobe Energiegewinnung und die Sauerstoffschuld erreicht den höchsten Wert. Die eingegangene Schuld muß in den Belastungspausen abgetragen werden.

Das geht, wie bereits erwähnt, umso schneller, je größer die Grundlagenausdauer I ist.

Tabelle 18   Vorschlag für eine Ausdauerkonzeption im Leistungssport

Ziel: Sieg zum internationalen Wettkampfhöhepunkt
Voraussetzungen: Prognose der Leistung (einschließlich aller notwendigen Details

Subziele	Höhere Geschwindigkeiten unter aeroben bedingungen	Höhere Geschwindigkeiten unter wettkampfspezifischen Bedingungen
Wege	1. Training im aerob/anaerob Übergangsbereich (GA II oder Entwicklungsbereich) 2. Training im aeroben Bereich (GA I)	1. Verbesserung der Unterdistanzleistung für den Start (Schnelligkeit, Schnellkraft) 2. Komplexes wettkampfspezifisches Training für die Strecke 3. Verbesserung der Unterdistanzleistung für Zwischen- und Endspurt, Schnellkraft, Kraftausdauer)
Basisleistungen	– Erhöhung der allgemeinen Kondition – Verbesserung der Beweglichkeit, Lockerheit, Dehnfähigkeit – Variabilität in den sportlichen Techniken/Sensomotorik	

In Tabelle 16 wurden die Basisleistungen noch einmal erwähnt, um erneut darauf hinzuweisen, daß für eine gute Leistungsentwicklung ein umfassendes, komplexes Konzept gebraucht wird. Dem Hauptziel sind zwei Subziele untergeordnet, weil zwei verschiedene

Wege zur Erfüllung des Hauptziels nötig sind. Die unterschiedlichen Wege zur Realisierung der Zielstellung, **unter aeroben Bedingungen** schneller zu werden, sind das Training im Entwicklungsbereich und das Training im Ökonomisierungsbereich. Konkret bedeutet das, daß ein Schwimmer in einem Standardtest zum Beispiel 3000 m Freistil in 40 Minuten bei einer Pulsfrequenz von 120 (wenn Laktatmessungen möglich sind – bei Laktat 2) schwimmt. Nach einigen Wochen Ausdauertraining soll er die gleiche Strecke bei gleichen physiologischen Werten in 38 Minuten zurücklegen. Das kann der Sportler nur erreichen, wenn er die Anstrengung beim Schwimmen öfter so erhöht, daß er aus dem Stoffwechselgleichgewicht kommt, also im aerob/anaeroben Übergangsbereich schwimmt. Wer nur lange Strecken langsam schwimmt und sich stets im Stoffwechselgleichgewicht befindet, kann nach einigen Wochen zwar eine längere Strecke durchhalten, aber nicht unter aeroben Bedingungen schneller sein. Zehn bis 20 Prozent des Umfangs der Schwimmkilometer muß schon im Entwicklungsbereich trainiert werden, um schnell seine Wettkampfresultate zu verbessern.

Das zweite Subziel ist direkt auf die Wettkampfzielstrecke orientiert, wobei drei Wege der Realisierung möglich sind. Die Unterdistanzleistung schließt den Start und den Übergang zum Schwimmen ein. Strecken über eine Distanz von 15 bis maximal 25 m müssen dafür in relativ frischem physischen und psychischen Zustand mehrfach wiederholt werden. Für die Verbesserung von Schnelligkeit und Schnellkraft ist eine optimale Nerv-Muskel-Koordination zu entwickeln. Das erfordert eine sehr hohe Aufmerksamkeit vom Sportler und eine bewußte Mitarbeit bei notwendigen Korrekturen der Bewegungsabläufe. Der zweite Weg schreibt ein komplexes wettkampfspezifisches Training vor. Das drückt vor allem die Forderung aus, die gesamte Wettkampfstrecke zu durchschwimmen und sie nicht zu unterteilen. Jede Aufsplitterung in zwei, vier oder mehr Teilstrecken, auch wenn nur kurze Pausen von zehn bis 30 Sekunden gewährt werden, hat andere Stoffwechselabläufe zur Folge, als die, die im Wettkampf gebraucht werden. Der Schwimmer würde nicht das trainieren, was er im Wettkampf beherrschen soll. Der dritte Weg wurde angegeben, weil ein gutes Zwischen- oder Endspurtvermögen oft über Sieg oder Niederlage im Wettkampf entscheidet. Im Gegensatz zum ersten Weg muß der Sportler hierbei unter ermüdeten Bedingungen alle Reserven mobilisieren können. Dazu gehört eine Menge Willenskraft, die sich nicht von allein ergibt. Dazu kommt noch, daß sich die Schwimmer auf einen schnellen Anschlag konzentrieren müssen. Sie dürfen nicht mehr zu den Gegnern blicken. Sie müssen, auch wenn sie noch so ermüdet sind, die letzten zwei bis drei Züge schwimmen, ohne zu atmen, damit sie voll konzentriert einen effektiven Anschlag realisieren können. Das können Schwimmer nur, wenn sie es mehrfach trainiert haben und genau die Entfernung zur Beckenwand einschätzen können. Reagieren will gelernt sein. So muß der Schwimmer, wenn er sich in ungünstigem Abstand zur Anschlagstelle befindet, schnellstens eine Entscheidung fällen, ob er beispielsweise beim Delphinschwimmen noch einen Armzug macht oder nur einige kräftige Beinschläge.

In der modernen Trainingsmethodik für das Sportschwimmen hat sich ein Begriff einen festen Platz erobert, den es noch vor wenigen Jahren nicht gegeben hat: **geschwindigkeits-**

orientiertes Training. Das bedeutet, jeder Schwimmer soll für sein Training optimale Geschwindigkeitsvorgaben für die unterschiedlichen Streckenlängen erhalten. Individuell angepaßte Vorgaben von Schwimmzeiten sollen die Schwimmer auch zur realen Selbstbewertung ihrer Trainingsleistungen führen. Erreichen sie die Vorgaben nicht, müssen sie aktiv in die Ursachenfindung einbezogen werden. Als Grundlage für das Setzen der richtigen Maßstäbe braucht man eine streckenbezogene Geschwindigkeitstabelle. Tabelle 19 soll dafür ein Modell sein. Eine Überprüfung der Kurvenverläufe bei einzelnen Schwimmerinnen und Schwimmern unterschiedlicher Leistungsklassen ergab nur geringe Abweichungen von der Modellkurve. Damit kann man die angegebenen Zahlen für die einzelnen Disziplinen, getrennt nach Geschlechtern, in der Tendenz als Maßstab verwenden. Tabelle 20 weist uns auf einen weiteren Aspekt hin. Je kürzer die Strecke wird, desto weiter klaffen die Leistungen zwischen Schwimmerinnen und Schwimmern auseinander. Ursache dafür ist die höhere Muskelkraft der Männer und der Stellenwert der Kraft für die 50-m-Strecken. Mit Zunahme der Streckenlänge wird die Differenz geringer, das heißt, die Frauen verfügen relativ über eine bessere Ausdauer. Bild 22 stellt weitere Fakten dar, die zu beachten sind. Neben der Ist-Kurve ist noch eine Prognosekurve eingezeichnet. Letztere verläuft parallel oberhalb der Ist-Kurve. Es ist davon auszugehen, daß die individuellen Kurven, in denen ja schon berücksichtigt ist, ob jemand zum Sprint oder zur Langstrecke neigt, auf allen Strecken gleichmäßig angehoben werden müssen.

Tabelle 19   Prozentualer Geschwindigkeitsabfall der Weltrekorde auf den Strecken von 100 m bis 1500 m im Verhältnis zur 50-m-Strecke (Stand 1991)

Schwimmer

Strecke	50 m (in %)	100 m (in %)	200 m (in %)	400 m (in %)	800 m (in %)	1500 m (in %)
Freistil	100	90,09	81,77	76,88	74,59	73,49
Brust	100	91,53	85,91			
Schmetterling	100	92,32	84,33			
Rücken	100	93,57	86,57			

Schwimmerinnen

Strecke	50 m (in %)	100 m (in %)	200 m (in %)	400 m (in %)	800 m (in %)	1500 m (in %)
Freistil	100	91,28	85,00	81,95	80,54	78,71
Brust	100	93,00	86,10			
Schmetterling	100	93,46	85,96			
Rücken	100	93,37	91,80			

Tabelle 20   Vergleich der Freistil-Weltrekorde zwischen Schwimmern und Schwimmerinnen auf verschiedenen Strecken (Stand 1991)

Streckenlänge	50 m	100 m	200 m	400 m	800 m
männlich	2,293 m/s	2,065 m/s	1,875 m/s	1,763 m/s	1,710 m/s
weiblich	2,002 m/s	1,827 m/s	1,701 m/s	1,640 m/s	1,612 m/s
	0,291 m/s	0,238 m/s	0,174 m/s	0,123 m/s	0,098 m/s
Differenz (in %)	87,31	88,47	90,76	93,07	94,28

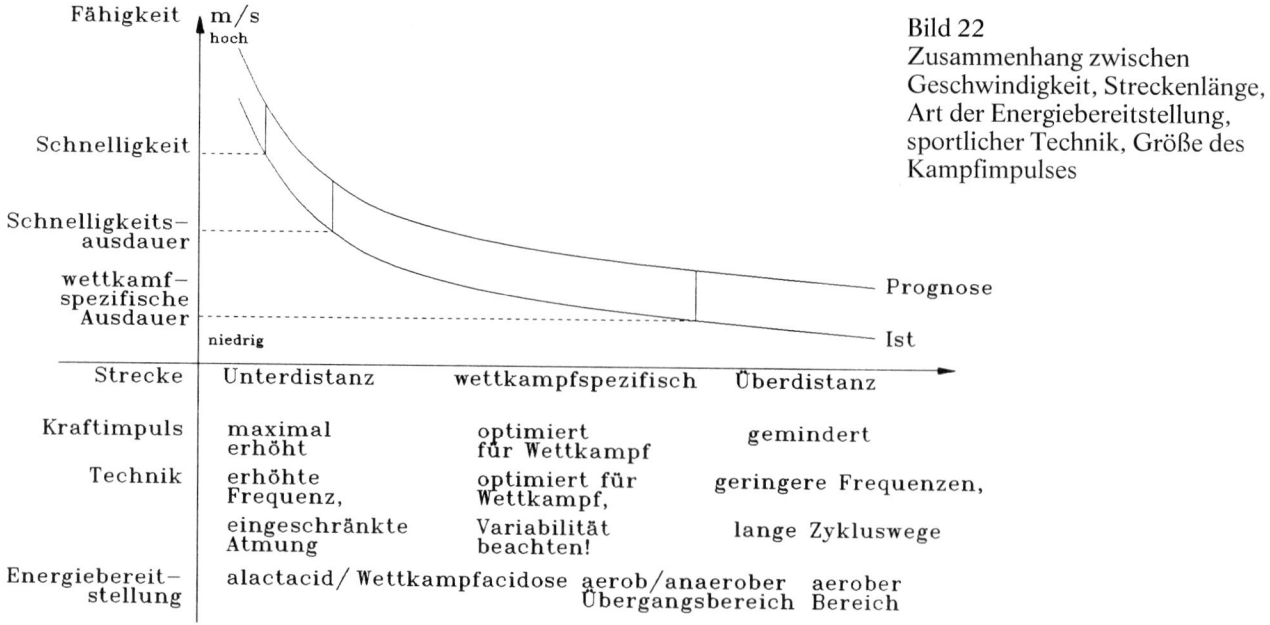

Bild 22
Zusammenhang zwischen
Geschwindigkeit, Streckenlänge,
Art der Energiebereitstellung,
sportlicher Technik, Größe des
Kampfimpulses

Regel 21
Geplante Zuwachsraten auf der Wett-
kampfstrecke – ausgedrückt in m/s –
müssen vom Unter- bis zum Überdistanz-
bereich gleichermaßen erreicht werden.

Eine Verbesserung der Geschwindigkeit auf einer ausgewählten Strecke ist nur kurzzeitig, aber nicht aus der Sicht des Jahres- oder Mehrjahresverlaufs realistisch. Bild 22 verweist auch darauf, daß sich in Abhängigkeit von der Streckenlänge Parameter wie Krafteinsatz pro Bewegungszyklus, Schwimmtechnik und Energiebereitstellung verändern. Dafür sind dem Schwimmer konkrete Vorgaben zu geben. In Tabelle 21 wird aufgeschlüsselt, daß – ausgehend von der geplanten Zuwachsrate für

die Wettkampfstrecke 200 m Freistil, die im gewählten Beispiel 0,06 m/s beträgt – für jede Leistungsklasse die zu erreichenden Teilleistungen festgelegt werden können. In diesem Fall wäre das eine Zeitverbesserung von 3,8 Sekunden für den Spitzensportler und 7,0 Sekunden für den Nachwuchsschwimmer. Kraftsprints sollten unbedingt zur Entwicklung der Teilleistungen dazugehören. Hier wurde dafür eine 11,5 m-Strecke an einem Schwimmwiderstandsgerät (SWG) gewählt. Legen wir den erwähnten Maßstab von 0,06 m/s zugrunde, dann ergeben sich die Leistungsprognosen für die verschiedenen Aufgaben. Auf einer solchen Grundlage kann auch in einer relativ großen Trainingsgruppe eine individuelle Belastung erfolgen.

Ausgehend von den Zielleistungen für die unterschiedlichen Trainingsstrecken (= Pro-

Tabelle 21 Entwicklung der Teilleistungen in Abhängigkeit von der geplanten Zielleistung auf der Wettkampfstrecke (Beispiele)

		Spitzensportler (S)		Nachwuchsschwimmer (N)	
200-m-Freistil-Zielzeit		1:51,1 min; 1,80 m/s		2:28,8; 1,34 m/s	
Vorjahresleistung		1:54,9 min; 1,74 m/s		2:35,8; 1,28 m/s	

Geplante Zuwachsrate				0,06 m/s					
	Strecke	Bestleistung 1990/91		Zielzeit 1991/92		Schwimm- geschwindigkeit 1990/91		Schwimm- geschwindigkeit 1991/92	
		S	N	S	N	S	N	S	N
Grundschnelligkeit	25 m	11,2 s	15,2 s	10,9 s	14,7 s	2,24 m/s	1,64 m/s	2,30 m/s	1,70 m/s
Schnelligkeitsausdauer	50 m	23,6 s	32,0 s	22,0 s	30,8 s	2,12 m/s	1,56 m/s	2,18 m/s	1,62 m/s
Ausdauer im aeroben Bereich	3000 m	34:57,0 min	47:27,5 min	33:33,4 min	44:53,0 min	1,43 m/s	1,05 m/s	1,49 m/s	1,11 m/s
Ausdauer im aerob/ anaeroben Übergangs- bereich	5×400 m	4:14,8 min	5:45,5 min	4:05,4 min	5:28,4 min	1,57 m/s	1,16 m/s	1,63 m/s	1,22 m/s
Schwimmspezifische Kraft am Schwimmwider- standsgerät (SWG)	11,5 m SWG	6,97 s	9,45 s	6,56 s	9,00 s	1,69 m/s	1,22 m/s	1,75 m:s	1,28 m/s

gnose) sind Leistungsvorgaben für die Schwimmer, ausgedrückt in Prozent bezüglich deren Bestleistungen, zu geben. Da aber die Kluft zwischen Bestleistungen und Prognoseleistung des einzelnen Schwimmers im Verlauf des Trainingsjahres aufgehoben werden soll, wird für das Training eine Leistungsspanne angegeben.

Wichtig ist es, darauf hinzuweisen, daß im Grundlagenausdauertraining mit Zunahme der Streckenlänge die prozentualen Vorgaben ansteigen müssen.

Strecke:	Vorgabe der Leistung
100 m	78 bis 84 Prozent
200 m	86 bis 90 Prozent
400 m	90 bis 92 Prozent
800 m	91 bis 93 Prozent
1500 m	92 bis 94 Prozent
3000 m	94 bis 99 Prozent
5000 m	99 bis 100 Prozent

Die Aufgaben des Ausdauertrainings können mit Hilfe verschiedener **Trainingsmethoden** gelöst werden. Die verwendeten Methoden müssen garantieren, daß sowohl die Grundlagenausdauer mit ihren zwei Bereichen als auch die wettkampfspezifischen Ausdauerfähigkeiten mit ihren drei Bereichen entwickelt werden. Das Ausdauertraining kann nach dem Dauerleistungs-, dem Intervall- sowie nach dem Wettkampf- und Kontrollprinzip gestaltet werden. Im Schwimmen überwiegt im Training die **Intervallmethode** mit ihrem planmäßigen Wechsel von Belastung und Erholung. Die Intervalle (Pausen) dienen nicht der vollständigen Wiederherstellung. Die neue Belastung muß einsetzen, wenn die Pulsfrequenz etwa 120 bis 130 Schläge pro Minute erreicht. Entsprechend dem Ausdauerkonzept hat es sich durchgesetzt, die Intervallmethoden nach den einzelnen Ausdauerfähigkeiten zu ordnen und daher zu unterscheiden in:

- Kurzzeitintervallmethode (Strecken zwischen 25 und 100 m)
- Mittelzeitintervallmethode (Strecken zwischen 200 und 400)
- Langzeitintervallmethode (Strecken zwischen 800 und 2000 m)

Die Intensität wird der Streckenlänge angepaßt und muß umso höher sein, je kürzer die Strecke ist. Die Pausen zwischen den Einzelbelastungen (Strecken) betragen zwischen 30 Sekunden und zwei Minuten, je nach Aufgabe. Zur Erleichterung der Arbeit des Übungsleiters und Trainers ist es zweckmäßig, die Pausenlänge nicht exakt festzulegen, sondern Startzeiten anzugeben, die die Schwimmer an der Pausenuhr selbst erkennen können. Beispielsweise bei einer Serie von 10 × 25 m wird zu jeder vollen Minute gestartet. Die Intervallmethode eignet sich auch bestens zur Zusammenstellung von Serien mit einer größeren Serienpause.

Die **Dauermethoden** fordern Belastungen, die nicht durch Pausen unterbrochen werden. Das Tempo kann gleichmäßig sein oder wechseln. Im allgemeinen sind Strecken von 3000 bis 5000 m, für die Zeiten zwischen etwa 40 und 80 Minuten gebraucht werden, sehr unbeliebt. Das ist bedauerlich, weil für viele physiologische Vorgänge und Anpassungen im Organismus der Dauerreiz gebraucht wird. Die für das Schwimmen so wichtige Sauerstoffaufnahmefähigkeit kann durch die Dauermethode gut verbessert werden. Im Vergleich zu den kurzen Strecken kann sich der Schwimmer durch die ruhigeren Bewegungen und die geringere Intensität auf eine Vergrößerung des Atemzugvolumens konzentrieren. Auf kürzeren Strecken dagegen wird meistens die Atemfrequenz erhöht. Eine wesentliche Bedeutung für die Versorgung der Muskulatur mit Sauerstoff hat die Kapillarisierung, die aber nur bei längeren, ununterbrochenen Belastungen erreicht wird.

Mit der Dauermethode ist noch eine Forderung zu verbinden, die bei vielen Schwimmern eine zusätzliche Abneigung hervorruft.

Regel 22
Strecken ab 3000 m sind grundsätzlich mit höchster Anstrengung und dem Ziel, eine neue aktuelle Bestleistung aufzustellen, zu absolvieren.

Durch die Dauer ist die Intensität sowieso schon gemindert, und sie würde bei noch geringeren Vorgaben unter die Grenze sinken, bei der man von reizwirksamem Training im Sinne der Ausdauerentwicklung sprechen kann. Jeder Übungsleiter ist gut beraten, wenn er auf die Durchführung von Wettkämpfen auch für 3000-m-Strecken drängt. Der entsprechenden Motivierung kommt im Zusammenhang mit der Dauermethode eine große Bedeutung zu.

Die **Wettkampf- und Kontrollmethoden** sollen ausschließlich wettkampfspezifische Ausdauerfähigkeiten entwickeln. Das bedeutet, daß die Schwimmer sich für eine Wettkampfstrecke entscheiden müssen, der dann die Prognoseschritte zugeordnet werden. Das bedeutet nicht, daß auf anderen Strecken nicht in Wettkämpfen gestartet werden sollte. Diese Wettkämpfe dienen der Verbesserung der Basisleistungen im Über- oder Unterdistanzbereich. Die Reizdosierung muß so erfolgen, daß die physiologische und psychologische Wirkung sowie die Schwimmtechnik den Wettkampfbedingungen optimal entsprechen. Soll ein 1500-m-Schwimmer im Wettkampf taktische Varianten realisieren, so sind diese auch zu trainieren.

Gleich, welche Methode für die Erfüllung der unterschiedlichen Aufgaben angewandt werden, man sollte bestimmte Aufgaben unter gleichen Bedingungen (Mesozyklus, Wochentag, Tageszeit u. a.) mehrfach wiederholen lassen. So kann man sich davon überzeugen, ob das Training wirkungsvoll war.
Für eine Kontrolle des Trainings eignen sich neben einfachen Leistungstests vor allem auch Standardtrainingsprogramme.

Standardtrainingsprogramme
Mit deren Hilfe kann geprüft werden, ob die Ausdaueranforderungen mit dem geschwindigkeitsorientierten Training erfüllt worden sind. Das Testen geschieht in Form standardisierter Trainingseinheiten, Serien oder Einzel-

Tabelle 22   Testserien zur Beurteilung der Entwicklung der Grundlagenausdauer

Grenzbelastungen

100×100 m	6×400 m
80×100 m Startzeit: 1:10 min	2×400 m Startzeit: 4:30 min
10×100 m Startzeit: 1:05 min	2×400 m Startzeit: 4:20 min
10×100 m Startzeit: 1:00 min	2×400 m Startzeit: 4:10 min

Beispiele für das Festlegen von Varianten entsprechend den Leistungsklassen

I. Zyklus

40×100 m	8×400 m
a 10×100 m Startzeit: 1:30 min	**a** 2×400 m Startzeit: 5:00 min
b 10×100 m Startzeit: 1:20 min	**b** 2×400 m Startzeit: 4:40 min
c 10×100 m Startzeit: 1:15 min	**c** 2×400 m Startzeit: 4:35 min
d 10×100 m Startzeit: 1:10 min	**d** 2×400 m Startzeit: 4:30 min
e 10×100 m Startzeit: 1:05 min	**e** 2×400 m Startzeit: 4:20 min

II. Zyklus
Bei erfüllter Zielstellung fällt **a** weg; Beginn bei **b** und dafür **e** anhängen

strecken. Handelt es sich zum Beispiel um ein standardisiertes Trainingsprogramm von 90 Minuten Dauer, so wird der Übungsleiter besonders die Intensität, die Qualität der Schwimmtechnik und die geringer werdende Ermüdung hinsichtlich erreichter Fortschritte prüfen. Die Standardisierung ist nur auf die Umfänge an Kilometern, die Reihenfolge der Übungen und eventuell die Pausenzeiten bezogen. Dynamisiert werden soll auf jeden Fall die Intensität.

Bild 23 zeigt das Beispiel einer Schwimmserie (auch auf anderen Strecken und mit anderen

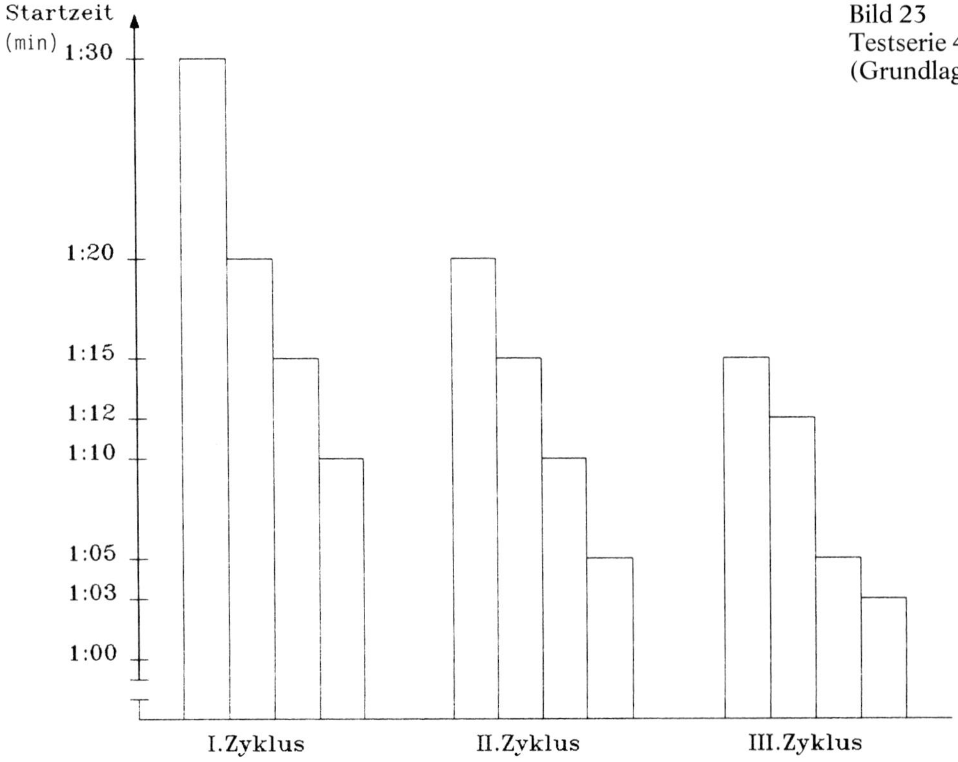

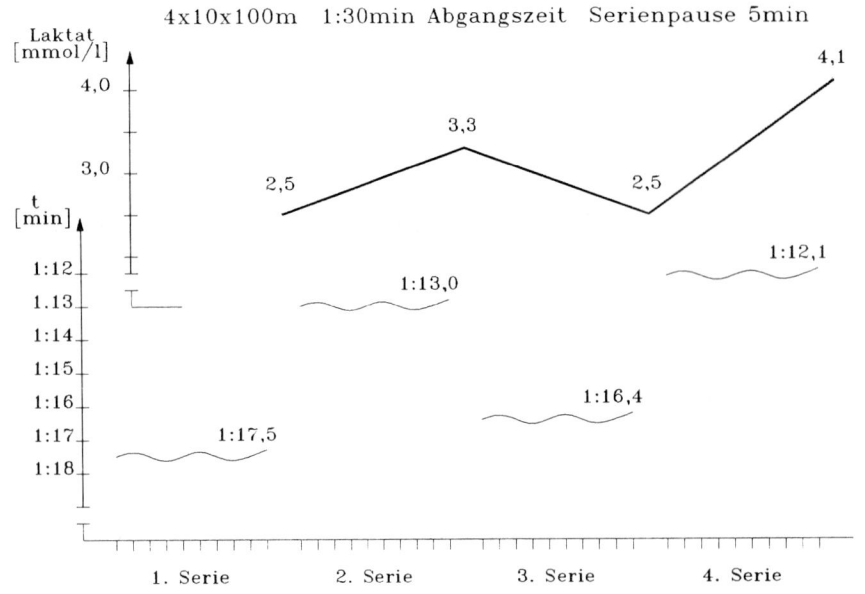

Bild 23
Testserie 40 × 100 m
(Grundlagenausdauer)

Startzeit (min): 1:30, 1:20, 1:15, 1:12, 1:10, 1:05, 1:03, 1:00

I.Zyklus   II.Zyklus   III.Zyklus

4x10x100m 1:30min Abgangszeit Serienpause 5min

Bild 24
Wellenförmige Belastungsgestaltung
im Bereich der Grundlagenausdauer I
mit dazugehörigem dynamischen
Laktatverlauf

Laktat [mmol/l]: 4,0 3,0

2,5   3,3   2,5   4,1

t [min]: 1:12, 1.13, 1:14, 1:15, 1:16, 1:17, 1:18

1:17,5   1:13,0   1:16,4   1:12,1

1. Serie   2. Serie   3. Serie   4. Serie

62

Wiederholungszahlen möglich), bei der die Belastung von Makrozyklus zu Makrozyklus erhöht wird. In der genannten Serie von 4 × 10 × 100 m mit vorgegebenen Startzeiten werden die Pausen verkürzt. Diese Serien wurden abgeleitet von Grenzbelastungen, die schon seit den siebziger Jahren in den USA bekannt sind (Tabelle 22).

Generell wird gegenwärtig im internationalen Schwimmsport die Ausdauerentwicklung zugunsten des Kraft- und Schnelligkeitstrainings etwas zurückgedrängt. Das jedoch wird die weitere Entwicklung des Schwimmsports hemmen, und dieser Weg sollte deshalb nicht mitgegangen werden.

Untersuchungsergebnisse (Zeit- und Laktatmessungen) von wellenförmig verlaufenden Belastungen belegen, daß ein An- und Abschwellen der Geschwindigkeiten (auf ansteigender Linie) eine rationelle Belastungsform ist (vgl. Bild 24).

Für das Ausdauertraining sollte sich der Übungsleiter bzw. Trainer ebenfalls eine Übungssammlung anlegen und Standardserien notieren. Neben der individuellen Geschwindigkeitsorientierung braucht er zudem Maßstäbe über den Wert der von ihm geforderten Belastungen. Beim Festlegen jeder Serie zu Beginn des Trainingsjahres muß er sich die Frage beantworten, wie er die Anforderungen von Zyklus zu Zyklus erhöhen will. Dem Schwimmer sollte das erklärt werden, damit er sich langfristig geistig damit auseinandersetzen kann.

Kieren Perkins, der Olympiasieger von Barcelona 1992 über 1500 m Freistil in Weltrekordzeit von 14 : 43,48 Minuten, sagte:

„ 1500 m – das ist mehr ein Kampf gegen sich selbst als gegen einen noch so verhaßten Rivalen.
Der Streß eines 1500 m Rennens ist so groß, daß mein Körper danach eine Woche braucht, bis alles wieder normal läuft.
Nur wer die Schmerzgrenze überwindet, hat eine Chance auf den Sieg.“

Bekannt sind harte Trainingsmethoden auch von Wladimir Salnikow, dem Ex-Weltrekordler und Olympiasieger von 1980 in Moskau und 1988 in Seoul über 1500 m Freistil. Er war der erste Schwimmer, der über diese Strecke eine Zeit von unter 15 Minuten erreichte (1980!). Sein Trainer, I. Koschkin, bevorzugte die nachfolgend genannten Serien:
Grundlagenausdauer (aerob) 10 × 600 m;
Pause: 1 min
Grundlagenausdauer (aerob/anaerob)
10 × 300 m; Pause: 2 min
Wettkampfspezifische Ausdauer 5 × 300 m;
Pause: 30 s.
Die Aufgabenerfüllung hängt weitgehend von der psychischen Einstellung ab. Das ist ein Grund dafür, warum das Training langfristig geplant und bekannt sein sollte. Es ist unzweckmäßig, sich erst während der Trainingseinheit einfallen zu lassen, welche Aufgaben man stellen könnte. Im Hochleistungsbereich wird die individuelle Steuerung des Ausdauertrainings von der Sportmedizin unterstützt. Es werden meist Standardserien absolviert, dabei Laktat- und Zeitmessungen vorgenommen, und daraus wird eine Laktat-Leistungs-Kurve berechnet. Auf Grundlage dieser Werte wird die Wirksamkeit des zurückliegenden Trainings bewertet. Gleichermaßen werden Empfehlungen für das künftige Training abgeleitet. Im ehemaligen Schwimmverband der DDR wurde diese Methode nachweislich mit großem

Erfolg angewandt. Es wurde ein standardisierter Stufentest über 8 × 100 m, 8 × 200 m oder 5 × 400 m für jeden Schwimmer in Abhängigkeit von seiner Leistungszielstrecke festgelegt und mehrfach pro Jahr durchgeführt. Tabelle 21 stellt den Ablauf dar. Bild 25 zeigt exemplarisch die Werte von zwei in ihren Leistungen extrem unterschiedlichen Schwimmern. Bei einem Laktatwert von 3 erreicht der eine eine Geschwindigkeit von 1,3 und der andere von 1,84 m/s. Ihre aerobe Leistungsfähigkeit klafft also weit auseinander. Dagegen ist ihre anaerobe Mobilisationsfähigkeit fast gleich. Die abgeleiteten Trainingsempfehlungen müssen demnach auch ganz unterschiedlich sein.

Mit jedem Wert, den man mehr erfaßt, wird die Interpretation der Ergebnisse sicherer. Eine große Rolle spielt die Bewegungs- und Atemfrequenz, der Anteil der Beinarbeit u. a. Gute individuelle Steuerparameter auf dieser Grundlage entstehen nur bei regelmäßiger Durchführung dieser Tests.

Tabelle 23   Methodik des Stufentests

Stufe	Anzahl der Strecken	Prozent von der aktuellen Bestleistung	Pause/ Serienpause (in min)	Minute der Blutabnahme	Laktatbereich (in mmol/l)
8 × 100 m					
1	3	78 – 84	1/ 3	2.–3.	2 – 3
2	2	83 – 88	1/ 3	2.–3.	3 – 4
3	1	87 – 93	–/ 5	nach 3.	4 – 6
4	1	92 – 96	–/20	nach 3.	6 – 8
5	1	97–100	–/–	4., 7., 10.	maximal
8 × 200 m					
1	3	86 – 90	1/ 3	2.–3.	2 – 3
2	2	88 – 90	1/ 3	2.–3.	3 – 4
3	1	91 – 94	-/ 5	nach 3.	4 – 5
4	1	94 – 96	–/20	nach 3.	5 – 7
5	1	97–100	–/–	4., 7., 10.	maximal
5 × 400 m					
1	2	90 – 92	3/ 5	nach 3.	2 – 3
2	2	92 – 95	3/30	nach 3.	3 – 5
3	1	97–100	–/–	4., 10.	maximal

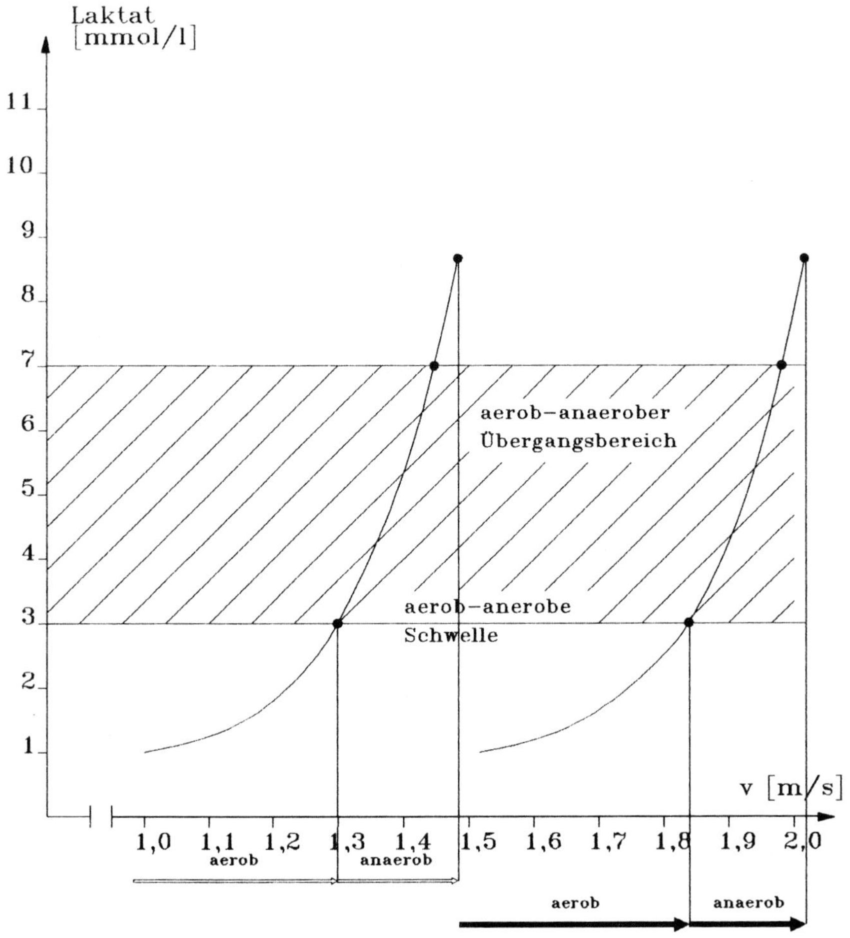

Bild 25
Unterschiedliche Schwimmleistung
aufgrund ungleichen aeroben Niveaus
und etwa gleicher anaerober Mobilisationsfähigkeit

All denen, die keine Laktatmessungen durchführen können, wird im Bild 26 gezeigt, daß in Anlehnung an die vorhandenen Erfahrungen der gleiche Test auch mit der Pulsfrequenz versucht werden kann. Die Vorgaben an die Schwimmer für die einzelnen Stufen müssen dem aktuellen Trainingszustand angepaßt werden. Kann die gleiche Zeit mit geringerer Pulsfrequenz geschwommen werden, ist das auch eine wichtige Aussage über die Verbesserung der Ausdauer.

* <u>Ausgangspunkt</u>: <u>Aktuelle Bestleistung</u> = 100%
* <u>Trainingsbereiche</u>:
  - 80% = Grundlagenausdauer I (Ökonomisierungsbereich)
           (aerob)
  - 85% = Grundlagenausdauer II (Entwicklungsbereich)
           (aerob)
  - 90% = Aerob–anaerober Übergangsbereich
  - 95% = Anaerober Bereich
  > 95% = Wettkampfbereich
           (anaerob)

* <u>Beispiele</u>:   Schwimmzeiten

	100m	200m	400m	m/s
100%	1:00,0	2:00,0	4:00,0	1,66
95%	1:03,0	2:06,0	4:12,0	1,59
90%	1:06,0	2:12,0	4:24,0	1,52
85%	1:09,0	2:18,0	4:36,0	1,45
80%	1:12,0	2:24,0	4:48,0	1,39

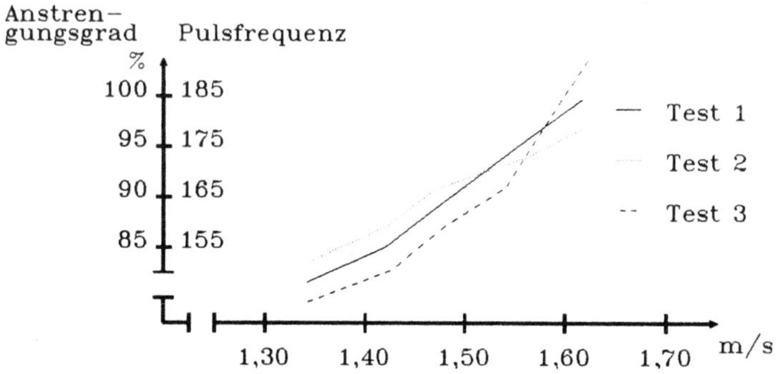

Testserien

* <u>8x100m</u>

  3x80%   1' Pause
             3' SP
  2x85%   1' Pause
             3' SP
  1x90%   5' Pause
  1x95%   20' Pause
  1xMaximal

* <u>8x200m</u>
  vgl. o.

* <u>5x400m</u>
  (Je 1 Versuch, Pause ansteigend
  von 2' über 5' bis 20')

Bild 26   Beziehungen zwischen Anstrengungsgrad und Geschwindigkeit

Schnelligkeitstraining

Zur Schaffung der Geschwindigkeitsmaßstäbe, die für ein wirkungsvolles Schnelligkeitstraining notwendig sind, wurden die 100-m-Weltrekordzeiten in den verschiedenen Schwimmarten, getrennt nach Geschlechtern, in Beziehung zu den 50-m-Weltbestleistungen gesetzt (Tabelle 24).
Danach konnten die Prognosen für die Strecken von 25 und 50 m bestimmt werden (vgl. Bild 27).

Die **Trainingsmethoden** für das Schnelligkeitstraining werden dadurch bestimmt, daß nur maximale bis hohe Intensitäten reizwirksam sind. Der Schwimmer muß durch höchstmöglichen Krafteinsatz im vortriebserzeugenden Teil der Unterwasserbewegung, guter Entspannung der Muskulatur in der Rückholbewegung der Extremitäten, einer optimalen Bewegungsweite und Bewegungsfrequenz seine Höchstgeschwindigkeit erreichen oder überbieten. Maximale Geschwindigkeit und effektive Schwimmtechnik gehören für eine gute

Tabelle 24 Prozentuale Wertung der 50-m-Leistungen in bezug zur 100-m-Strecke (100% ≙ Leistung auf der 100-m-Strecke; Stand 1991)

Disziplin	männlich	weiblich
Freistil	111,00%	109,55%
Brust	109,25%	107,52%
Schmetterling	108,32%	107,00%
Rücken	106,88%	103,77%

Leistung zusammen. Realisiert werden kann das meist nur im Zustand körperlicher Frische, weil nur dann die Nerv-Muskel-Koordination optimal ist. Die Übertragung der bei niedrigeren Geschwindigkeiten erlernten Technik gelingt nur selten sofort über eine Strecke von 50 m. Deshalb bieten sich folgende vier Methoden für die Entwicklung der Schnelligkeit an:

• Beschleunigungs- oder Steigerungsschwim-

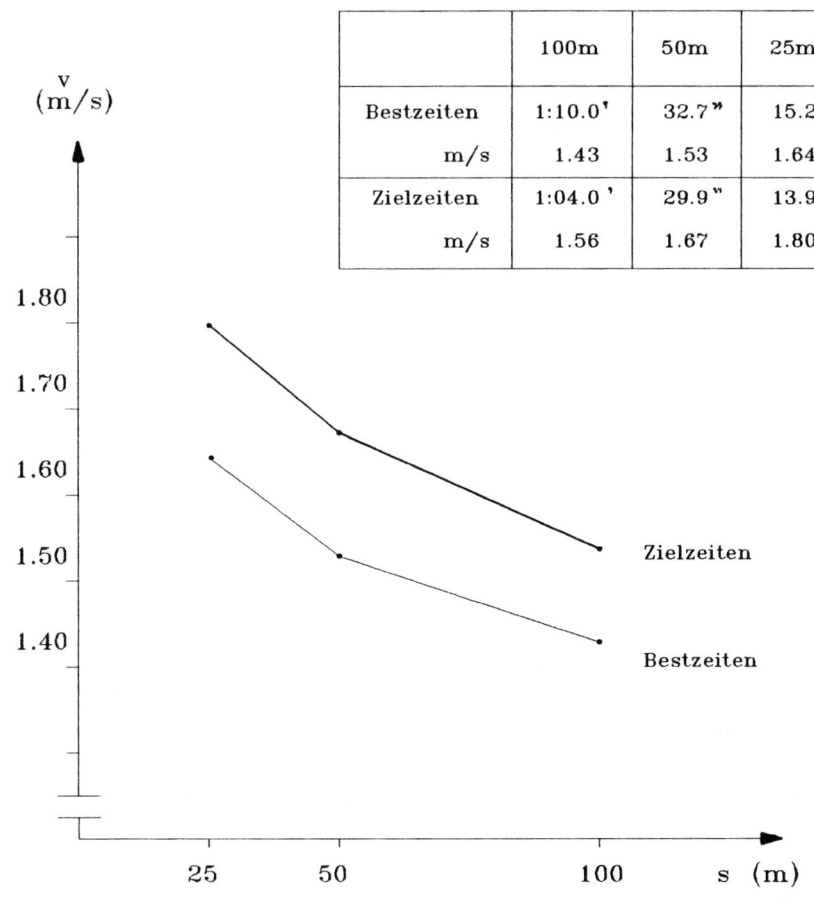

	100m	50m	25m
Bestzeiten	1:10.0'	32.7"	15.2"
m/s	1.43	1.53	1.64
Zielzeiten	1:04.0'	29.9"	13.9"
m/s	1.56	1.67	1.80

Bild 27
Prognoseleistungen für die Strecken 25 m und 50 m, abgeleitet von der Zielleistung über 100 m (100-m-Leistung ≙ 100%; 50-m-Leistung ≙107%; 25-m-Leistung ≙115%)

men, das heißt, die Geschwindigkeit und Frequenz wird auf jeder Bahn allmählich gesteigert und erreicht das Maximum auf den letzten 8 bis 10 m.
- „Antritte", das heißt, pro Bahn wird ein- bis zweimal versucht, 8 bis 10 m in höchstmöglicher Geschwindigkeit zurückzulegen.
- Wiederholungsmethode, das heißt, die gesamte Strecke über 25 oder 50 m wird mit größeren Pausen (5 bis 10 Minuten) mehrmals mit maximaler Intensität zurückgelegt. Die großen Pausen zur Wiederherstellung sind nötig, weil die Belastung sonst infolge der Ermüdungssummation Ausdauercharakter annimmt.
- Wettkampfmethode, das heißt, es muß einschließlich der Erwärmung an Land und des Einschwimmens alles so ablaufen, wie es vor dem Wettkampf sein soll. Da vor dem Wettkampf Streßfaktoren das beste Programm durcheinander bringen können, ist es sinnvoll, auch das zu trainieren. Selbstgestellte oder angenommene und den Trainingskameraden bekanntgegebene Zeiten können einen Leistungsdruck simulieren.

Der Gesamtumfang des Schnelligkeitstrainings in einer Trainingseinheit, einem Mesozyklus und im Jahresverlauf ist infolge der hohen Intensität und Konzentration und des dafür nötigen hohen Zeitaufwandes relativ gering. Zwischen vier bis acht Wiederholungen in einer Trainingseinheit werden nicht überschritten. Im Jahresverlauf werden nur etwa 0,5 bis ein Prozent der Gesamtkilometer für diese Aufgabe verwendet. Deshalb muß die Reizwirksamkeit hoch sein, und es dürfen keine Nachlässigkeiten geduldet werden.

> **Regel 23**
> *Der Schwimmer kann im Wettkampf nur die Leistung erreichen, die er sich im Training erarbeitet und für die er eine bestmögliche Vorbelastung erprobt hat.*

Auf den zuletzt genannten Aspekt muß nochmals eingegangen werden, weil dieses zu oft als nebensächlich abgetan wird. Die Praxis beweist aber, daß das Leistungsvermögen vieler Schwimmer bei richtiger Vorbelastung höher sein könnte. Ein Beispiel: Viele schwimmen in der Staffel, die nach den Einzelrennen stattfindet, schneller als noch etwa 15 bis 30 Minuten zuvor. Begründet wird das meist mit erhöhtem Willenseinsatz für die Mannschaft. In Wirklichkeit war die Vorbelastung durch den vorangegangenen Wettkampf optimal. Somit ist

Tabelle 25   Gegenüberstellung von ausgewählten Leistungen im Einzelrennen und der Staffel bei den Olympischen Spielen 1988

Name	Disziplin	Staffel-leistung	Einzel-leistung	Differenz
Jameson	100 F	49,82 s	51,18 s	1,36 s
Zesner	100 F	49,52 s	50,73 s	1,21 s
Biondi	200 F	1:46,44 min	1:47,99 min	1,55 s
Lamberti	200 F	1:47,29 min	1:50,47 min	3,18 s

Geht man davon aus, daß ein Staffelwechsel schneller als ein Start mit Kommando ausgeführt werden kann und zieht deshalb 0,7 Sekunden von der Einzelleistung ab, bleiben immer noch beachtliche Unterschiede, die eine Auseinandersetzung mit diesem Phänomen rechtfertigen.

Tabelle 26   Kriterien für das Training der Ausdauer

---

1. Zunahme der Geschwindigkeit im aeroben Bereich

- Geschwindigkeit   80–90% des Renntempos
- Dauer   150–45 min (Σ-Serien)
- Laktat   < 3 mmol/l
- Herzfrequenz   140–180 Schläge pro min
- Sauerstoffaufnahme   70–85% der maximalen Sauerstoffaufnahme

---

2. Zunahme der Geschwindigkeit im aerob-anaeroben Übergangsbereich

---

- Geschwindigkeit   85–95% des Renntempos
- Dauer   60–30 min (Σ-Serien)
- Laktat   3–7 mmol/l
- Herzfrequenz   150–190 Schläge pro min
- Sauerstoffausnahme   85–95% der maximalen Sauerstoffaufnahme

---

3. Zunahme der Geschwindigkeit auf der Wettkampfstrecke

- Geschwindigkeit   100%
- Dauer   Wettkampfzeit
- Laktat   7 ≥ 20 mmol/l
- Herzfrequenz   185 ≥ Schläge pro min
- Sauerstoffausnahme   85–100% der maximalen Sauerstoffaufnahme

---

4. Erhöhung der Geschwindigkeit unter alaktaciden Bedingungen

---

- Geschwindigkeit   130% des Renntempos
- Dauer   6–8 s

---

5. Erreichung der disziplinspez. Variationsbreite der Geschwindigkeit

---

- Geschwindigkeit   vgl. Kriterien 1–4
- Dauer   entsprechend dem individuellen Prognoserennverlauf bzw. der aufgezwungenen Taktik des Gegners

---

es wichtig, daß die Schwimmer durch viele Versuche im Training ihre Angst vor intensiven Vorbelastungen verlieren.

Zusammenfassend sei nochmals darauf hingewiesen, daß vom Setzen richtiger Maßstäbe für die unterschiedlichen Aufgaben die Tragfähigkeit des Konzepts abhängt.

Techniktraining und Belastungssteigerung

Ohne konsequente Belastungssteigerung, kombiniert mit Verbesserung der Schwimmtechnik, führt kein Weg zum Erfolg. Nachfolgend werden die für die Leistungsentwicklung wichtigsten trainingsmethodischen Aspekte näher erläutert.

Entwicklung der Schwimmtechnik

Hier sollen nicht die Techniken der einzelnen Schwimmarten, Starts und Wenden beschrieben werden. Die Grundformen beherrscht jeder Übungsleiter und Trainer. Und im Bedarfsfall ist es möglich, auf eines der vielen Lehrbücher und Videos zurückzugreifen. Stattdessen wird herausgearbeitet, wie Techniktraining zu einem festen Bestandteil des gesamten Trainings werden kann.

Als Anregung sind im Anhang (Seiten 98 bis 110) die wesentlichen Bewegungsabläufe bildlich dargestellt.

Eine Fülle von Kenntnissen sind nötig, um in jedem Entwicklungsstadium des Schwimmers immer wieder neu die Frage beantworten zu können, ob die Bewegungen noch zweckmäßig sind.

Am besten geht man nach einem Stufenprogramm vor.

Entwicklung des Bewegungssehens zur Beurteilung der Technik des Schwimmers

Eine kleine, selbst zusammengestellte Checkliste kann dabei eine große Hilfe sein. Die Beobachtungsschwerpunkte sollten unterteilt werden nach Elementen, die den Vortrieb unter Wasser bewirken bzw. ihn negativ beeinflussen, nach Kontinuität der Antriebsimpulse, nach der Körperlage, der Atmung und der Überwasserphase mit dem erneuten Wasserfassen.

Beurteilung der Qualität der Technik nach Kriterien der Zweckmäßigkeit

Entscheidend ist, welche Informationen dafür zur Verfügung stehen. Videofilme, vor allem Unterwasseraufnahmen, sind ein wirksames Hilfsmittel, wenn sie mit folgenden Informationen verknüpft werden:
- Schwimmgeschwindigkeit
- Bewegungsfrequenz
- Zyklusweg
- Zyklusdauer (Zeit der Unter- und Überwasserbewegung).

Tabelle 27 zeigt für unterschiedliche Leistungskategorien, in welchen Verhältnissen die Parameter zueinander stehen. Es hat sich das Anlegen einer solchen Übersicht bewährt, von der man dann während des Trainings die Werte rasch ablesen kann.

Den Schwimmern ist zu erklären, daß mit Hilfe dieser Parameter bestimmte Trainingsakzente gesetzt werden können.

Tabelle 27 Ausgewählte indirekte Technikparameter im Sportschwimmen

Strecke	Zeit													
50 m	50,00 s	49,02 s	48,08 s	47,17 s	46,30 s	45,45 s	44,64 s	43,86 s	43,10 s	42,37 s	41,67 s	40,98 s	40,32 s	39,60 s
100 m	1:40,0 min	1:38,0 min	1:36,2 min	1:34,3 min	1:32,6 min	1:30,9 min	1:29,3 min	1:27,7 min	1:26,2 min	1:24,7 min	1:23,3 min	1:22,0 min	1:20,6 min	1:19,4 min
200 m	3:20,0 min	3:16,1 min	3:12,3 min	3:08,7 min	3:05,2 min	3:01,8 min	2:58,6 min	2:55,3 min	2:52,4 min	2:49,5 min	2:46,7 min	2:43,9 min	2:41,3 min	2:38,7 min
400 m	6:40,0 s	6:32,2 min	6:24,6 min	6:17,4 min	6:10,4 min	6:03,6 min	5:57,1 min	5:50,9 min	5:44,8 min	5:39,0 min	5:33,3 min	5:27,9 min	5:22,6 min	5:17,5 min
800 m	13:20,0 min	13:04,3 min	12:49,2 min	12:34,7 min	12:20,7 min	12:07,3 min	11:54,3 min	11:41,8 min	11:29,7 min	11:18,0 min	11:06,7 min	10:55,7 min	10:45,2 min	10:34,9 min
1500 m	25:00,0 min	24:30,6 min	24:02,3 min	23:35,1 min	23:08,9 min	22:43,6 min	22:19,3 min	21:33,1 min	21:11,2 min	20:50,0 min	20:50,0 min	20:29,5 min	20:09,7 min	19:50,5 min

	Geschwindigkeit													
	1,00 m/s	1,02 m/s	1,04 m/s	1,06 m/s	1,08 m/s	1,10 m/s	1,12 m/s	1,14 m/s	1,16 m/s	1,18 m/s	1,20 m/s	1,22 m/s	1,24 m/s	1,26 m/s

Bewegungsfrequenz pro Minute	Zyklusweg													
30	2,00 m	2,04 m	2,08 m	2,12 m	2,16 m	2,20 m	2,24 m	2,28 m	2,32 m	2,36 m	2,40 m	2,44 m	2,48 m	2,52 m
35	1,71 m	1,75 m	1,78 m	1,82 m	1,85 m	1,89 m	1,92 m	1,95 m	1,99 m	2,02 m	2,06 m	2,09 m	2,13 m	2,16 m
40	1,50 m	1,53 m	1,56 m	1,59 m	1,62 m	1,65 m	1,68 m	1,71 m	1,74 m	1,77 m	1,80 m	1,83 m	1,86 m	1,89 m
45	1,33 m	1,36 m	1,39 m	1,41 m	1,44 m	1,47 m	1,49 m	1,52 m	1,55 m	1,57 m	1,60 m	1,63 m	1,65 m	1,68 m
50	1,20 m	1,22 m	1,25 m	1,27 m	1,30 m	1,32 m	1,34 m	1,37 m	1,39 m	1,42 m	1,44 m	1,46 m	1,49 m	1,51 m

Beispielsweise soll ein Brustschwimmer mehr Kraft pro Zyklus einsetzen, also eine Verlängerung des Zyklusweges erreichen. Seine typischen Parameter über 100 m:
Zeit 1 : 23,3 min; Geschwindigkeit 1,20 m/s; Frequenz pro Minute 50; Zyklusweg 1,44 m.
Ihm kann zum Erreichen des Ziels folgende konkrete Aufgabe gestellt werden:
Zeit 1 : 22,0 min; Geschwindigkeit 1,22 m/s; Frequenz pro Minute 45; Zyklusweg 1,60 m.
Weitere Kriterien für die Zweckmäßigkeit sind:
— Widerstandsarmes Eintauchen der Hände nach der Überwasserphase bzw. effektives Wasserfassen beim Brustschwimmen und schnelles Beginnen der Hauptphase;
— Vermeiden von zusätzlichen Bremswirkungen durch Fallenlassen der Schultern;
— Betonung des Vorderzuges für eine optimale Antriebsgestaltung durch die Armbewegung, das heißt, sehr schnell ein hohes Kraftniveau aufbauen und über maximal lange Arbeitswege eine gute Leistungsabgabe realisieren;
— Koordinativ rationelles Einfügen der Beine in die Gesamtstruktur der Bewegung;
— Vermeiden von Geschwindigkeitsverringerungen durch das Atmen.

Um unnötigen Geschwindigkeitsverlusten begegnen zu können, muß man die typischen Fehler erkennen und den Sportlern erklären.

Fehlerbilder im Brustschwimmen

Bild 28 Hüfte nicht nach unten gedrückt, Gesäß weicht nach oben aus.

Bild 29 Beinschlag zu passiv, zu tiefe Streckung der Beine.

Bild 30 Armzugbeginn zu passiv, nicht explosiv und breit genug.

Bild 31 Die Einwärtsbewegungen der Ellenbogen sind zu langsam und zu weit nach hinten führend.

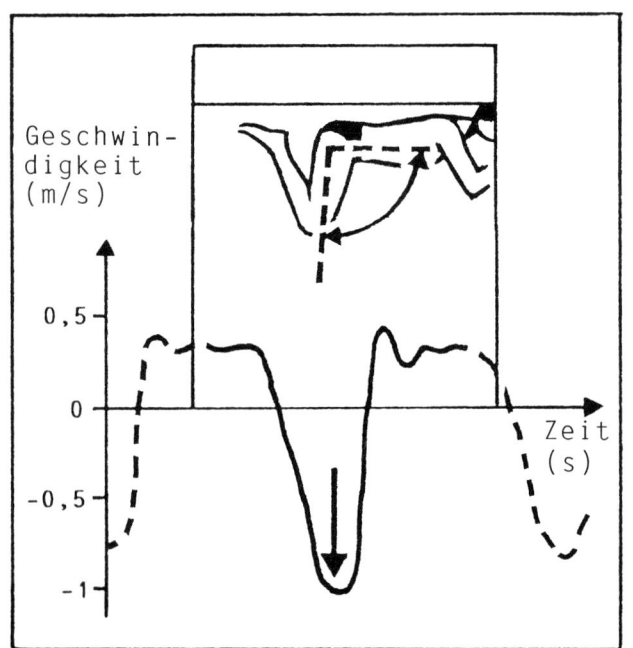

Bild 28

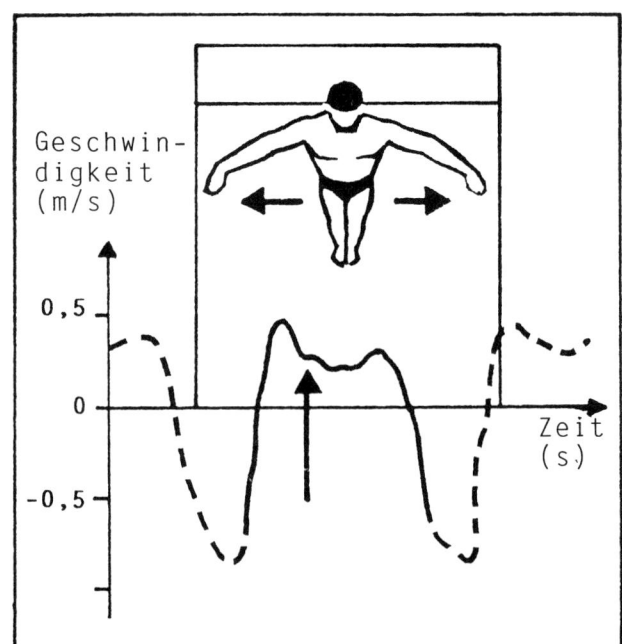

Bild 30

Bild 29

Bild 31

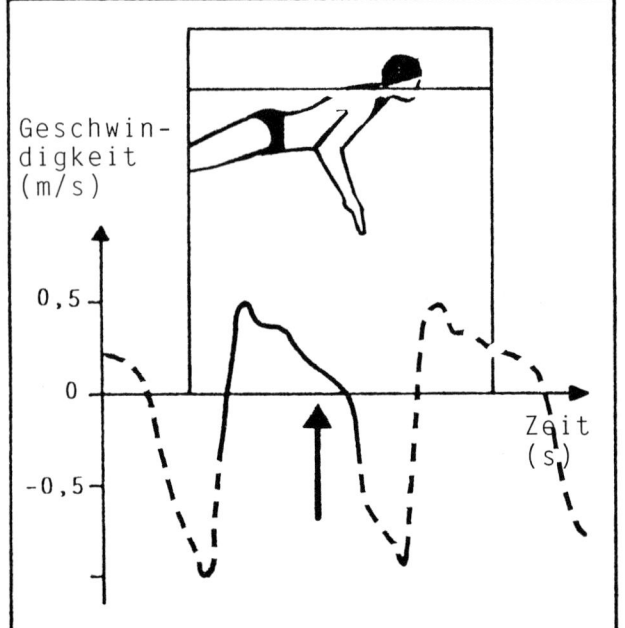

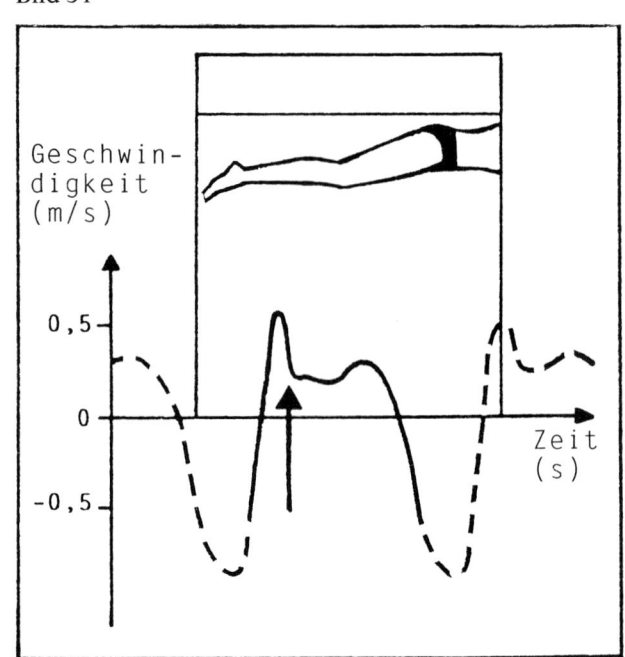

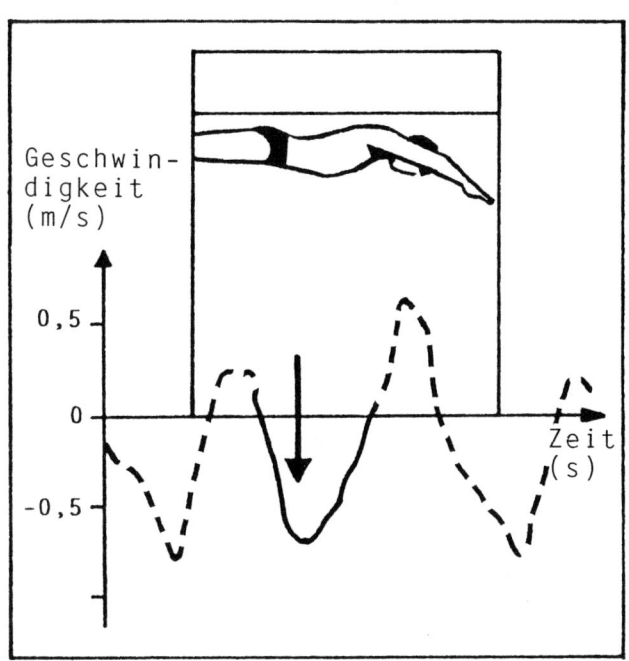

Bild 32

Bild 33

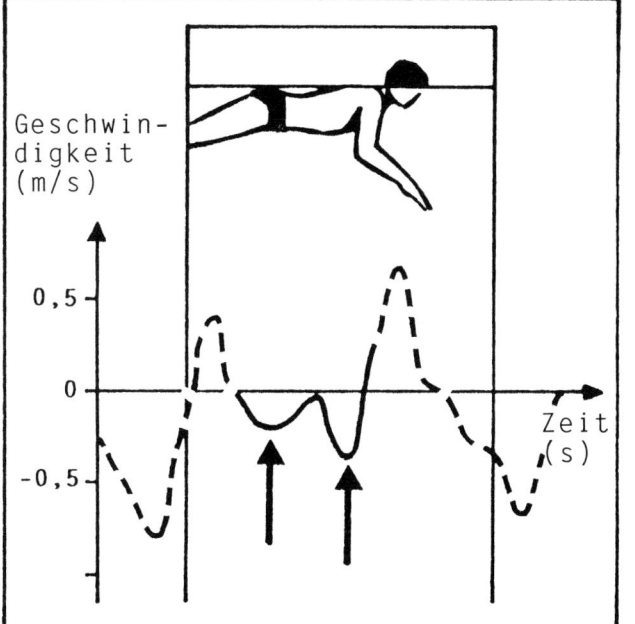

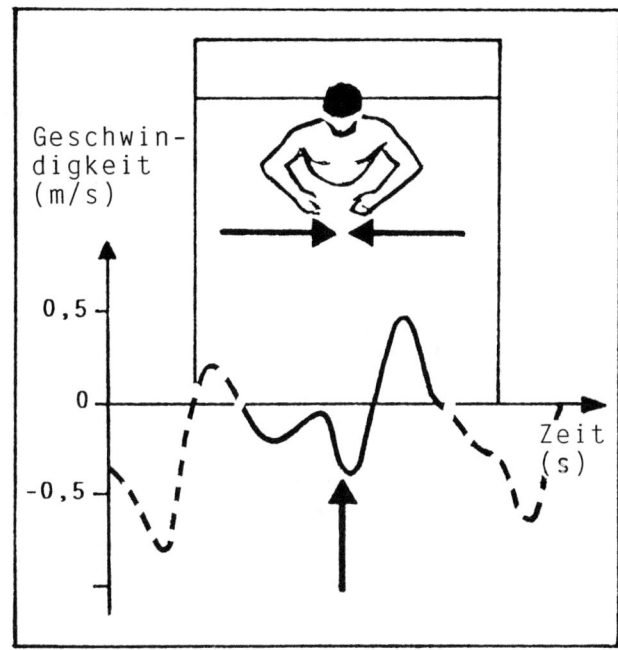

Bild 34

Bild 35

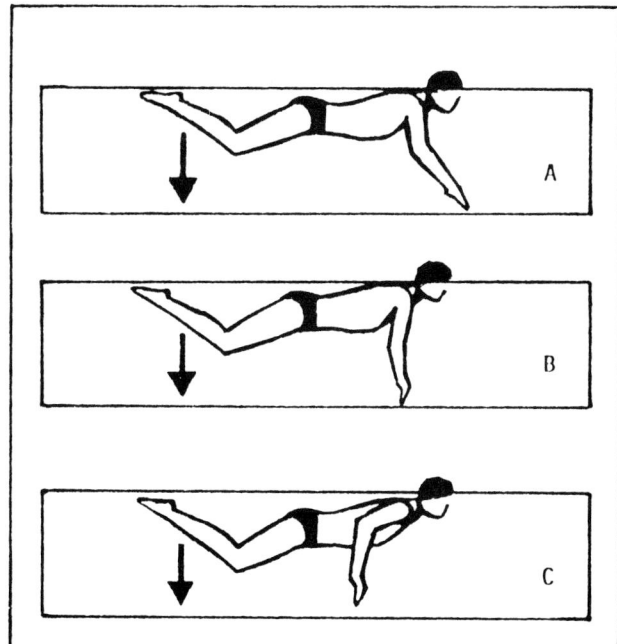

73

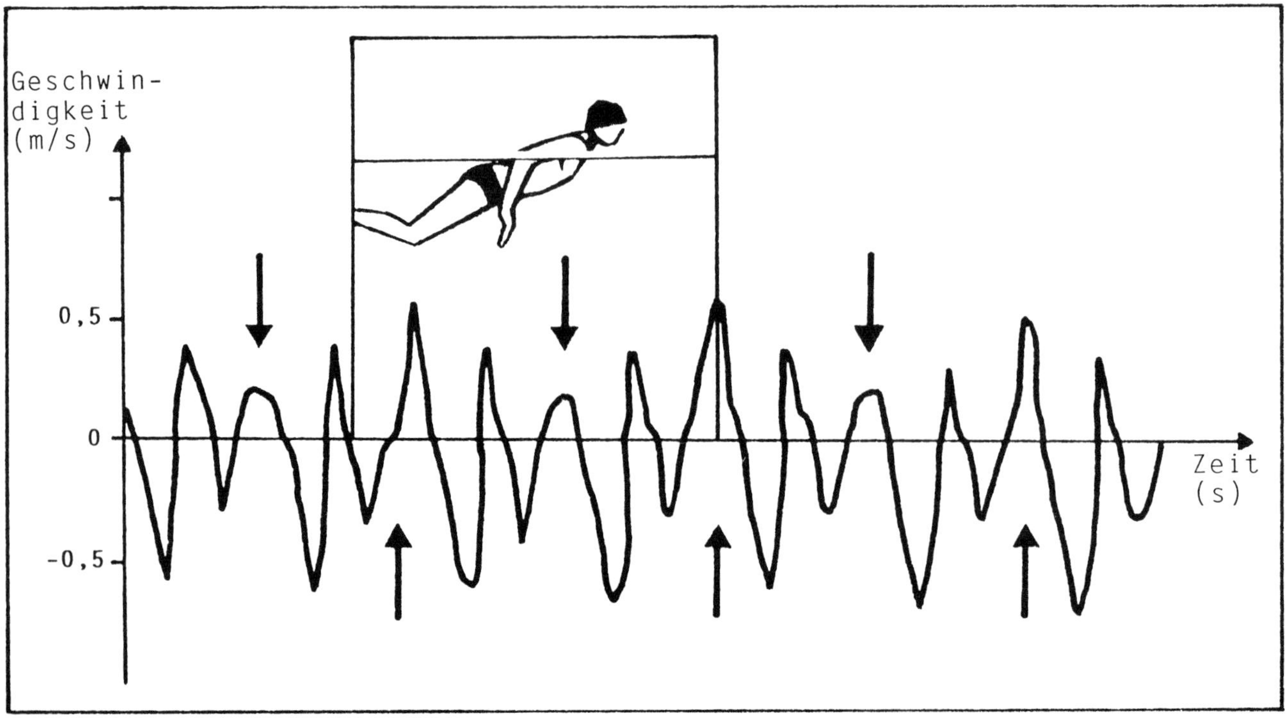

Geschwin-
digkeit
(m/s)

0,5

0

−0,5

Zeit
(s)

Bild 36   Bild 37   Bild 38

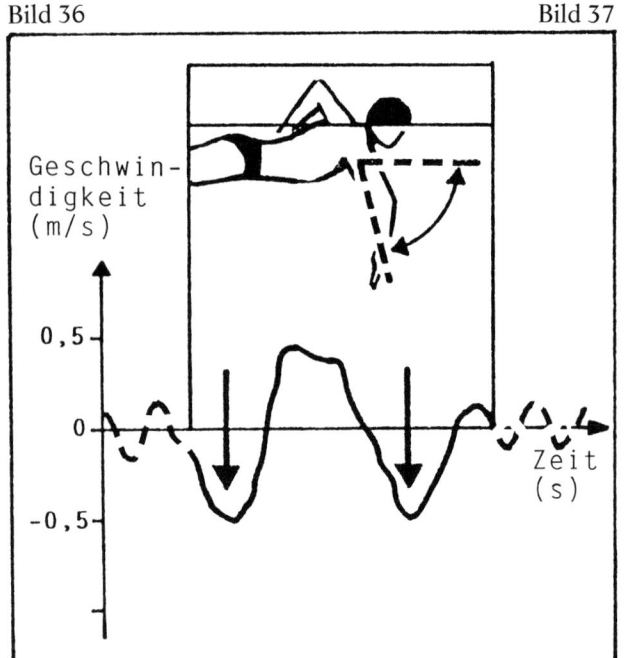

Geschwin-
digkeit
(m/s)

0,5

0

−0,5

Zeit
(s)

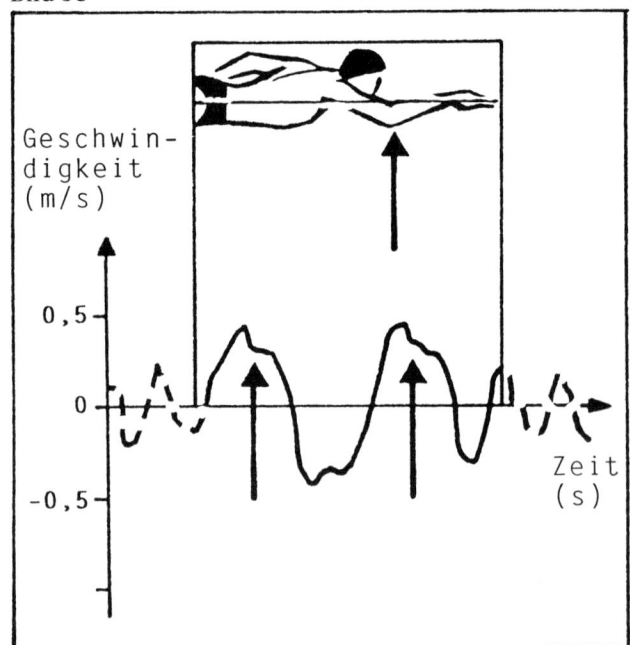

Geschwin-
digkeit
(m/s)

0,5

0

−0,5

Zeit
(s)

74

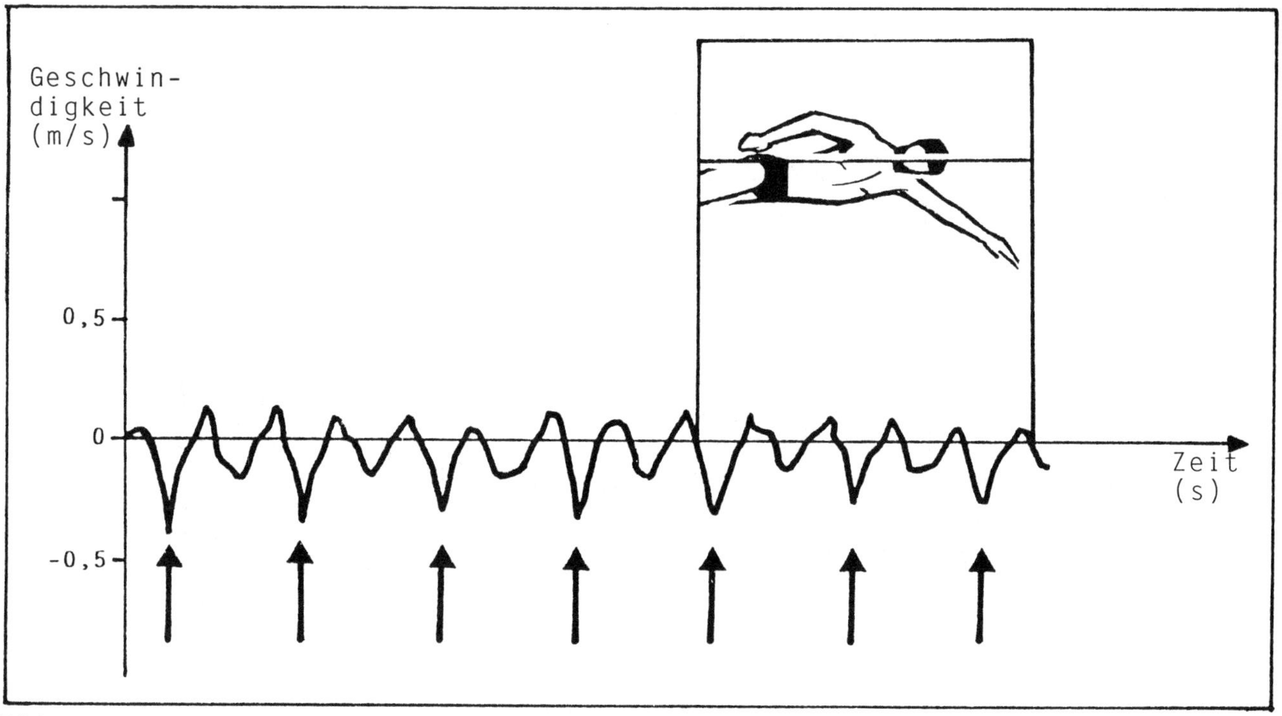

Geschwindigkeit (m/s)

0,5

0

Zeit (s)

-0,5

Bild 39   **Bild 40**   **Bild 41**

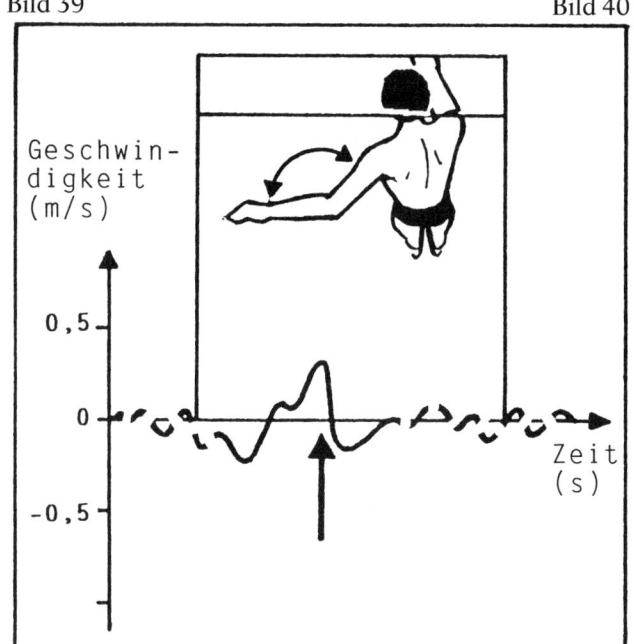

Geschwindigkeit (m/s)

0,5

0

Zeit (s)

-0,5

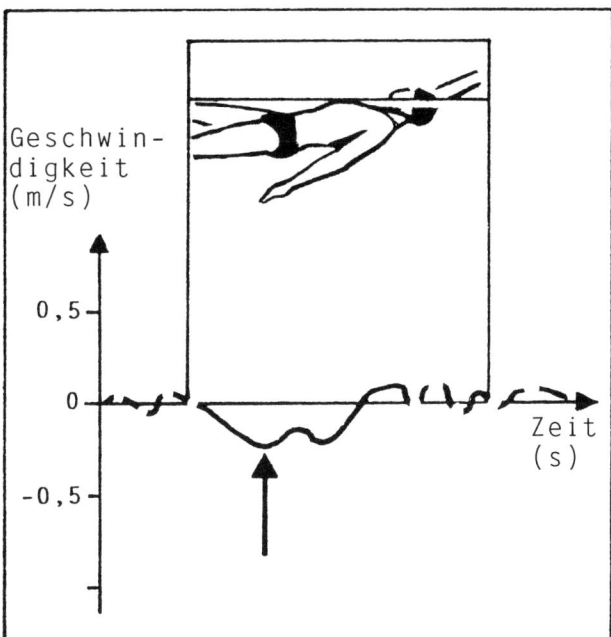

Geschwindigkeit (m/s)

0,5

0

Zeit (s)

-0,5

Fehlerbilder im Schmetterlingsschwimmen

Bild 32 In der Eintauchphase fallen Oberkörper und Kopf zu tief.

Bild 33 Die Ellenbogen bleibenin der Übergangsphase vom Zug zum Druck nicht stehen, klappen weg.

Bild 34 Die Hände finden in der Übergangsphase vom Zug zum Druck keinen Widerstand, schneiden das Wasser.

Bild 35 A und B zeigen einen zu zeitigen zweiten Beinschlag.

Bild 36 Atmungsbedingte Geschwindigkeitsverluste: Bei Zweieratmung zu starker Abdruck der Arme nach unten, um zum Atmen weit genug aus dem Wasser zu kommen.

Fehlerbilder im Freistilschwimmen

Bild 37 Zu tiefer Ellenbogen in der Eintauchphase.

Bild 38 Die Antriebswirkung setzt zu spät ein.

Bild 39 Der Oberkörper dreht zu weit über den stützsuchenden Arm.

Fehlerbilder im Rückenschwimmen

Bild 40 Übungspase vom Zug zum Druck: Hand wird in der Übergangsphase vom Zug zum Druck zu weit von der Körperlängsachse entfernt.

Bild 41 Der Arm wird zu weit nach unten geführt.

Aufstellung und Anwendung von Technikkorrekturprogrammen

Die Korrektur der Technik oder einzelner Details setzt das Bewußtwerden richtiger Bewegungen durch den Sportler ebenso voraus, wie die Bereitschaft zur Informationsaufnahme und zur Veränderung.

Stets soll zuerst der Hauptfehler gesucht und

beseitigt werden. Zuviele Informationen zur gleichen Zeit kann der Sportler nicht verarbeiten. Die Forderungen nach Technikkorrekturen sind mit den aktuellen Trainingsaufgaben zu verbinden. Auch ein aerobes Ausdauertraining auf langen Strecken eignet sich zum Training bestimmter Technikdetails, beispielsweise die Einnahme der „Ellbogen-vorn-Haltung", die Realisierung langer Arbeitswege, Vermeidung von Bremswirkungen beim Einatmen und anderes.

Nicht unterzubewerten sind die eigenen Erfahrungen des Übungsleiters oder Trainers.

Ein weiterer wichtiger Punkt für die Wirksamkeit des Techniktrainings ist die ständige **psychologische Einflußnahme.**

Entscheidend ist es, eine gesunde Einstellung zur Verbesserung der Technik beim Schwimmer zu erreichen. Solange Kinder oder Anfänger noch lernen wollen, sind sie für jeden Hinweis dankbar. Später hört man oft: „Das hat jetzt keinen Sinn mehr. Was Hänschen nicht lernte, lernt Hans nimmermehr." Doch das stimmt nicht.

Regel 24
Schwimmer sind nie zu jung oder zu alt, um sich präzisere Bewegungsvorstellungen erarbeiten und aktiv Einfluß auf notwendige Veränderungen nehmen zu können.

„Das Bewegungssehen des Trainers und das Bewegungsgefühl des Sportlers müssen durch Sprechen über die Bewegung zusammengeführt werden." (SCHUCK, 1991) Das ist ein Prozeß, den beide lernen müssen, wenn sie erfolgreich sein wollen. Die Kenntnisvermittlung über zweckmäßige Bewegungen sind nur eine Seite der Medaille. Schwimmer erleben viele Details der Bewegung im Wasser anders, als sie der Übungsleiter von außen sieht und beschreibt. Nur im Dialog können es beide lernen, sich zu verstehen.

Für das erfolgreiche Lehren guter Techniken ist **Anschauungsmaterial** wichtig. Es ist aber nur eine Bedingung – die eigentliche Arbeit muß im Gespräch zwischen Übungsleiter/ Trainer und Schwimmer geleistet werden. Letzterer muß unbedingt aktiv in die Diskussion einbezogen werden. Er muß beschreiben lernen, was er in den einzelnen Phasen empfindet, und sagen können, was er gar nicht wahrnimmt, obwohl es auf dem Videobild deutlich zu sehen ist. Zur Anschauung gehört auch die Beobachtung der Trainingskameraden oder

eine gezielte Beobachtung von Top-Athleten im Wettkampf.

Dort, wo kein Unterwasserfenster zur Verfügung steht, empfiehlt es sich, eine Unterwasserbeobachtung mit Taucherbrille durch die Schwimmer aus unterschiedlichen Perspektiven (von der Seite, von vorn, von unten) vornehmen und anschließend genau beschreiben zu lassen. Es müssen möglichst viele Anhaltspunkte für die Diskussionen mit den Schwimmern genutzt werden. Der Übungsleiter bzw. Trainer sollte so objektiv wie möglich sein.

Nach dem Absolvieren einzelner Trainingsstrecken sind auch sofort einfache Aufgaben zur Abschätzung von indirekten Technikparametern, wie Bewegungsfrequenzen, Schwimmgeschwindigkeiten, und zur Qualität ausgewählter technischer Details zu stellen.

Immer wieder ist zu prüfen, ob es methodische Vorgehensweisen gibt, die für Schwimmer

Bild 42
Fahrbare Unterwasser-Videokamera

einfacher sind als die, die für den Übungsleiter/Trainer praktisch sind. So ist zum Beispiel das Messen der Bewegungsfrequenz für die Übungsleiter rationell, weil sie ihre Aufmerksamkeit nur kurze Zeit pro Bahn dafür verwenden müssen. Für die Schwimmer ist es leichter, sich mit einer bestimmten Anzahl von Bewegungszyklen (Züge) pro Bahn auseinanderzusetzen. Sie können sich im Becken verschiedene Anhaltspunkte einprägen und dadurch einschätzen, wo sie mit festgelegten Zügen sein müssen. Auf diese Weise können sie auch selbst noch korrigieren, wenn etwas nicht optimal war. Besonderes Augenmerk ist zu richten auf das richtige Anschwimmen der

Beckenwand. Das kann entscheidend für den Anschlag im Wettkampf sein, hat aber auch Bedeutung für das Einleiten der Wende.

Sollen neue Techniken erlernt werden, muß die Aufgabe klar gestellt werden, sollte man sich vom Schwimmer bestätigen lassen, ob er sie verstanden und angenommen hat. Bevor weitere methodische Schritte eingeleitet werden, kann man zunächst erst einmal auf den Nachahmungstrieb setzen. Als beispielsweise 1990 die neue FINA-Regel über die Ausführung der Rückenwende herauskam, nach der die Schwimmer auch in Brustlage wenden dürfen (vgl. Bild 43), war noch keine geeignete Methodik veröffentlicht. Viele Schwimmer

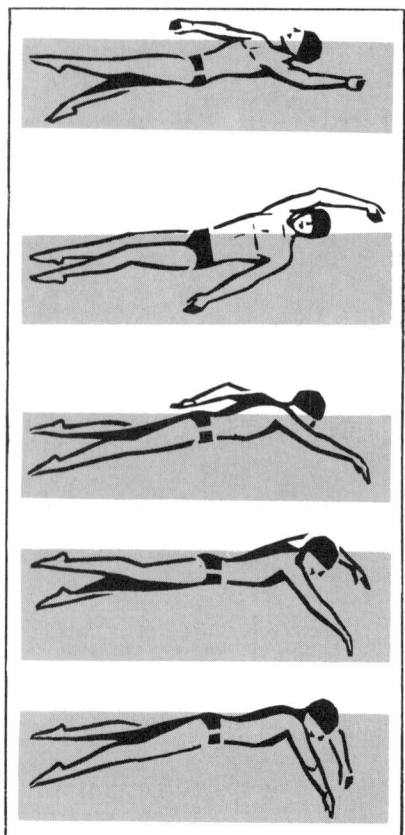
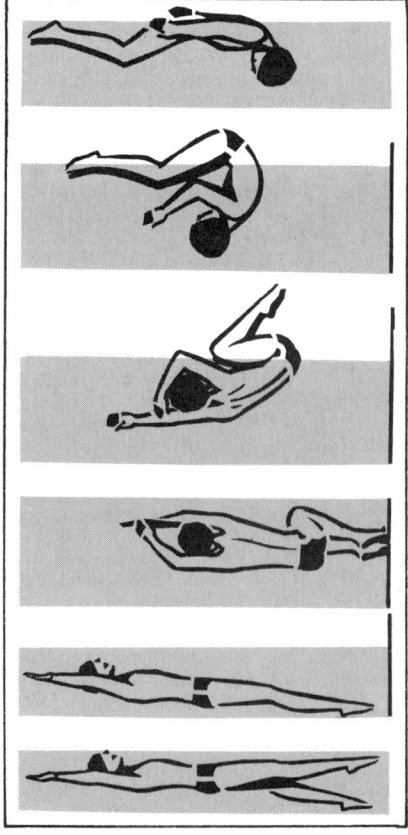

Bild 43
Die neue Rückenwende. Kurz vor dem Beckenrand dreht sich der Sportler

sahen sich die Wendentechnik von Spitzen-athleten – oft nur einen kurzen Moment – im Fernsehen an, probierten und beherrschten sie sofort. Es bewahrheitete sich wieder, daß das Vorhandensein vielfältiger Bewegungserfahrungen das Erlernen von neuen Bewegungsabläufen erleichtert.

Aspekte der Belastungsgestaltung

Vom ersten Kapitel an wurde wiederholt darauf verwiesen, daß sich jedes erfolgreiche Konzept durch eine ständig ansteigende Belastung sowohl im Mehrjahresverlauf als auch im Einjahresverlauf auszeichnen muß. Ohne Belastungssteigerung gibt es keine neuen Leistungen. Eine relativ gleichbleibende Belastung, auf die sich der Schwimmer eingestellt hat, würde bewirken, daß sich zwischen aufbauenden und abbauenden Vorgängen im Organismus ein Gleichgewicht einstellt (sogenannte Homöostase). Der Sportler braucht immer wieder unbekannt hohe Belastungen, damit sich ein neues Gleichgewicht auf höherem Niveau einstellen kann. Zu bedenken ist aber auch, daß eine einmalig hohe Belastung oder sogar eine Grenzbelastung im Verhältnis zur üblichen Trainingsnorm schnell abklingt; das ursprüngliche Anpassungsniveau wird schnell wieder erreicht.
Die geplanten trainingsbedingten Anpassungen sollen sich beziehen auf:
– die Stärkung des Herz-Kreislauf-Systems,
– die Anpassung des Nerv-Muskel-Systems und
– die Entwicklungen im neurophysiologischen Bereich.
Die Anpassungsvorgänge verlaufen zeitlich unterschiedlich in Abhängigkeit vom Alter und von individuellen Besonderheiten des Sportlers, vor allem von der Höhe der individuellen Beanspruchung für verschiedene Funktionssysteme.
• Fünf bis acht Wochen dauert es, bis sich ein deutlicher Zuwachs an Muskelkraft zeigt, das heißt, daß in der Skelettmuskulatur eine Zunahme von Struktureiweißen erfolgte.
• Etwa zwei Wochen dauert es, bis eine Erhöhung der Energievorräte in den Muskeln und der Leber erreicht wird.
• Substrate des Stoffwechsels passen sich bereits in einigen Stunden an.

Das alles funktioniert nur, wenn nach der Belastung die Erholungsphase gesichert ist, also die Möglichkeit der Superkompensation genutzt wird. So unterschiedlich wie die Anpassungszeiträume, sind auch die Zeitkonstanten der Rückkehr dieser Größen zur Norm (vgl. Bild 44).

> **Regel 25**
> *Soviel Zeit, wie für die Entwicklung einer bestimmten Fähigkeit, zum Beispiel Kraft, aufgewendet worden ist, solange hält die erhöhte Wirkung auch an.*

Man kann also nicht davon ausgehen, daß die Kraft, die man sich zu Beginn des Trainingsjahres antrainiert hat, das gesamte Jahr über stabil vorhanden ist. Dafür müssen in Abständen von 5 bis 8 Wochen deutliche Erinnerungsreize gesetzt werden. Das Beherrschen der Trainingsreizsetzung wird zusätzlich noch erschwert, weil die Beziehungen zwischen Be-

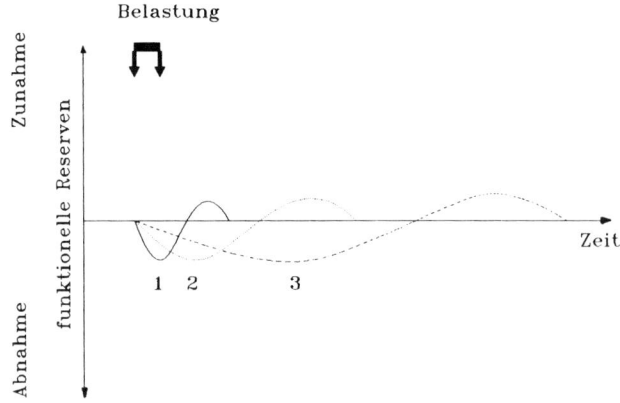

Bild 44 Unterschiedliche Zeitkonstanten der Rückkehr funktioneller Größen zur Norm und des Verlaufs der Überkompensationsphasen

1 = Kurzdauernde Wiederherstellungsvorgänge (einige Sekunden bis Minuten), z. B. ATP, Kreatinphosphat;

2 = Wiederherstellungsvorgänge mittlerer Art (10 Minuten bis wenige Stunden), z. B. Glykogen;

3 = langdauernde Wiederherstellungsvorgänge (Stunden bis Tage) z. B. Enzyme und Strukturproteine

(nach FINDEISEN, 1976)

lastungsgrößen und Leistungsentwicklung im Verlauf der Trainingsjahre eines Sportlers Veränderungen unterliegen. Beginnt beispielsweise ein Kind im Alter von zehn Jahren ein Training, dann genügen relativ geringe Trainingsreize für eine gute Leistungsentwicklung. Die Ursachen dafür liegen in der biologischen Entwicklung des Kindes. Außerdem haben die meisten Kinder einen großen Bewegungsdrang in ihrer Freizeit, der zusätzliche Reize schafft. Mit Zunahme des Lebens- und Trainingsalters müssen jedoch immer stärkere Trainingsreize gesetzt werden, wenn eine positive Leistungsentwicklung ausgelöst werden soll (Bild 45).

Nimmt ein Jugendlicher das Training erst spät auf bzw. wechselt er von einer anderen Sportart zum Schwimmen über, kann er die Bela-

stung schnell steigern, weil seine körperlichen Voraussetzungen das zulassen. Steigt nach einigen Trainingsjahren die Leistung nicht mehr an, obwohl die Belastung als hoch eingeschätzt wird, hört man oft die Worte: „Dieser Schwimmer ist austrainiert, da geht es nicht mehr weiter." In einem solchen Fall muß die Belastung einer genauen, ehrlichen Analyse unterzogen werden. OSOLIN hat schon 1952 formuliert: „Jede Arbeit, die den Trainingszustand erhält, bildet in einem bestimmten Umfang bereits ein aktives Ausruhen."

Eine Steigerung der Trainingsbelastung und eine Anpassung des Organismus an immer höhere Anforderungen ist prinzipiell länger möglich, als gegenwärtig häufig in Schwimmerkreisen angenommen wird. Biologische Gründe dafür, daß zwanzigjährige Schwimmerinnen oder fünfundzwanzigjährige Schwimmer nicht mehr höher belastbar seien, gibt es nicht. Daß sich viele bedingt durch ihre berufliche Entwicklung, die Zuwendung zur eigenen Familie u.ä.m. nach zehn oder mehreren Trainingsjahren zum Beenden des leistungssportlichen Trainings entschließen, ist eine andere Sache.

Für Trainingsältere müssen systematisch neue Belastungen gesucht werden. Sich diesen dann auch wirklich mit vollem Einsatz zu stellen, erfordert, sich geistig damit auseinanderzusetzen. Im Schwimmsport muß eine höhere Belastung nicht unbedingt einen höheren Zeitaufwand bedeuten. Es lassen sich durch Verschiebung von Anteilen, die in einer Schwimmart zurückgelegt werden, die Trainingsreize verstärken. Ein hoher Anteil Schmetterlingsschwimmen ermöglicht das beispielsweise. Eine weitere Variante wäre eine verstärkte Akzentuierung (Blockbildung). Beispiele dafür sind im Abschnitt „Zum Training der Kraft" genannt.

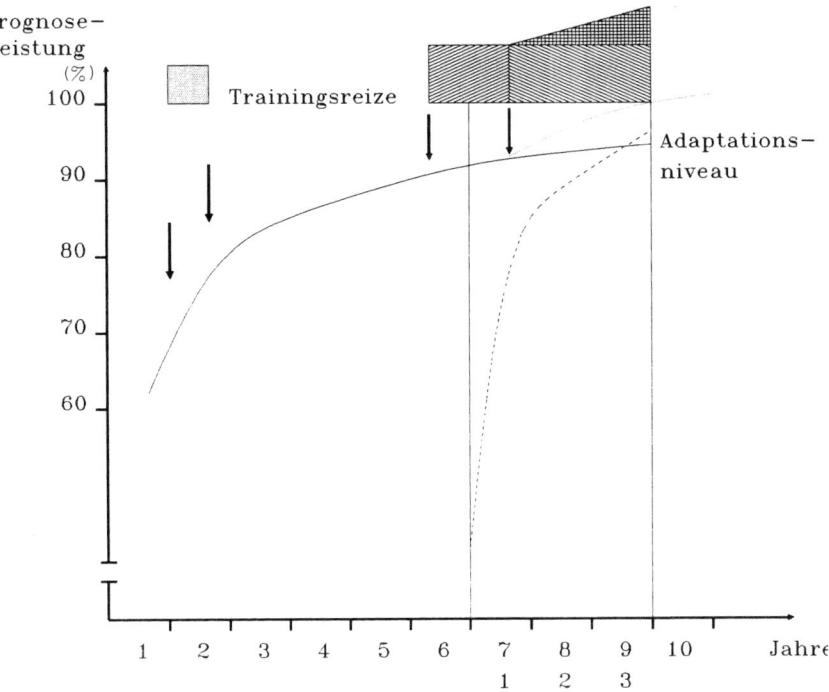

Trainingsältere Athleten müssen auch intensiver schwimmen:

Regel 26
Bei Zunahme des Trainingsalters muß der Anteil des wettkampfspezifischen Trainings und die Anzahl der Wettkämpfe steigen, weil durch eine Optimierung aller Funktionsabläufe im Organismus eine höhere Leistungsfähigkeit erreicht werden kann.

Belastungssteigerungen können allmählich ansteigend oder sprunghaft vorgenommen werden. Um Überforderungen auszuschließen, ist der allmähliche Anstieg zu bevorzugen.

Dazu sollte im Schwimmverein mit mehreren Übungsleitern und Trainern eine Abstimmung erfolgen. In einer mehrjährigen Entwicklungskonzeption für die Kinder und Jugendlichen sollten pro Jahr einige Eckkennziffern festgelegt werden, damit nicht in einer niedrigeren Altersklasse schon mehr als in den nachfolgenden trainiert wird. In Tabelle 28 wird ein Beispiel gegeben. Etwa 30 Prozent Umfangssteigerung pro Jahr sind ein guter Faustwert. Ist das ausgeschöpft, müssen Intensitätssteigerungen und kurzfristige Umfangssteigerungen durch Akzentuierung das Problem lösen. Sprunghafte Belastungssteigerungen ergeben sich oft durch eine Teilnahme an Trainingslehrgängen oder wenn alle anderen täglichen Belastungen wie Schule, Studium oder Beruf unmittelbar vor Wettkämpfen ausgeschaltet werden und eine konzentrierte Wettkampfvorbereitung erfolgt. Das kann allerdings auch

81

Tabelle 28 Rahmenkennziffern im Mehrjahresverlauf (bezogen auf 40 Trainingswochen)

Ausbildungsetappe	Altersklasse		Trainings-stunden pro Woche	Theorie-stunden pro Woche	Sauna, Physio-therapie	Schwimmkilometer	
	weiblich	männlich				pro Stunde	pro Jahr
Grundlagentraining	8	9	3– 4	0,5	–	0,6	72
	9	10	4– 5	0,5	–	0,8	128
	10	11	5– 7	0,5	0,5	1,0	220
Aufbautraining	11	12	8–10	1	0,5	1,2	384
	12	13	10–12	1	1	1,4	560
	13	14	12–14	1	1	1,7	816
Anschlußtraining	14	15	13–15	1,5	1,5	1,9	988
	15	16	15–17	1,5	1,5	2,1	1260
Hochleistungs-training	16	17	18–20	2	2	2,3	1656
	und älter	und älter	20 und mehr	2	2	2,5	2000
				2	2,5	2,7	2160

schnell schiefgehen, wenn bestimmte Fakten nicht beachtet werden. Eine sehr hohe Belastung in Lehrgängen nützt nur etwas, wenn nachfolgend bis zum Jahreshöhepunkt die Belastung noch weiter gesteigert werden kann – natürlich einschließlich einer effektiven mikrozyklischen Gestaltung und Akzentuierung für bestimmte Trainingsschwerpunkte. Sprunghafte Belastungssteigerungen in der Phase der unmittelbaren Wettkampfvorbereitung kippen nur dann nicht ins Gegenteil um, wenn durch gezielte, tägliche Wiederherstellungsmaßnahmen eine Summation der Ermüdung verhindert wird. Trotz der genannten Punkte ist folgende Regel zu beachten.

Regel 27
Belastungssteigerungen sind der sicherste Weg zu Leistungssteigerungen.

Deshalb sind gut geplante und durchgeführte Lehrgänge zu empfehlen. Die Zielstellungen müssen in Übereinstimmung mit den im jeweiligen Mesozyklus zu lösenden Trainingsaufgaben stehen. Unter bestimmten Aspekten, beispielsweise für Technikschulungen oder leistungsdiagnostische Untersuchungen, sind Wochenendlehrgänge sehr vorteilhaft. Einige Ziele können sein:
– Erhöhung der allgemeinen Kondition durch andere Sportarten wie Paddeln, Radfahren oder Skilaufen in Verbindung mit allgemeinem Krafttraining;
– Verbesserung der Schwimmtechnik einschließlich Starts, Wenden und Staffelablösungen;
– Erhöhung des Niveaus der Ausdauer;
– Unmittelbare Wettkampfvorbereitung einschließlich der Formierung eines Wettkampfteams.
In Lehrgängen müssen Maßstäbe für ein qualitativ gutes und umfangreiches Training gesetzt

Tabelle 29 Beispiel für einen Wochenend-
lehrgang zur Verbesserung der Schwimmtechnik
einschließlich Start und Wende für eine
ausgewählte Schwimmart

Zeiten	Freitag	Sonnabend	Sonntag
7.00		Frühstück	Frühstück
8.00– 9.30		Athletik/Tests	Athletik/Tests
9.45		2. Frühstück	2. Frühstück
10.15–12.00		Techniktraining*	Techniktraining*
12.30		Mittagessen	Mittagessen
15.00		Vesper	Abreise
15.30–18.00	Anreise	Techniktraining*	
18.30	Abendessen	Abendessen	
19.00–22.00	Theorie (Erläuterung der Aufgaben-stellung; Video-beispiele) Praxis Ausgangstests	Kulturveran-tung	

* Videoaufnahmen und Videozeitmessung sollten einschließlich Auswertung für jeden Schwimmer zwei- bis dreimal
während der Lehrgangs möglich sein.

werden. Gleichzeitig sind der theoretischen Unterweisung und der Durchführung von Tests große Aufmerksamkeit zu schenken. Die Sportler müssen erfahren, warum sie was tun sollen und sich mit den erreichten Wirkungen auseinandersetzen. Das schließt die Ernährung und sportliche Lebensweise ein.

Bevor ein Lehrgang mit den Spezialisten durchgeführt wird, sollte der verantwortliche Trainer mit den anderen Trainern und Übungsleitern die Auffassungen über die Technik und Methodik diskutieren bzw. vereinheitlichen. Während des Lehrgangs ist die zweckmäßigste Technik für die unterschiedlichen Schwimmstrecken und angepaßt an die individuellen Besonderheiten jedes Athleten zu lehren.

In den oberen Leistungsklassen wird häufig die Frage nach der Zweckmäßigkeit von Höhentrainingslehrgängen gestellt. Mit deren Hilfe können die Belastungen wesentlich gesteigert werden – aber nur, wenn der Trainingszustand der Schwimmer vor Beginn des Höhentrainings ausgezeichnet ist. Im besonderen Maße trifft das auf die Ausdauer zu. Ist das nicht so, können unter Höhenbedingungen die erforderlichen Belastungen nicht realisiert werden, und alles verkehrt sich ins Gegenteil. Deshalb sollte solange auf ein Höhentraining verzichtet werden, wie unter normalen Bedingungen die Belastung noch deutlich zu steigern ist.

Aspekte der Leistungsentwicklung durch Training in mittleren Höhen
Höhentraining ist keine neue Erfindung, Veröffentlichungen zu dieser Thematik gibt es seit mehr als fünfzig Jahren. Im Hochleistungssport wurden spätestens mit der Vorbereitung auf die Olympischen Spiele 1968 im 2000 m hoch gelegenen Mexico City das Training und die Leistungen in diesen Höhenlagen interessant.

Nicht nur die bei den Olympischen Spielen 1968 gezeigten Leistungen weckten weltweit das Interesse, sondern vor allem der Fakt, daß viele Sportler bei den nacholympischen Wettkämpfen unter N. N.-Bedingungen (Normal-Null = Meereshöhe) bessere Leistungen hatten.

Die Gründe dafür sind umfangreich und komplex; hier seien nur einige wenige genannt.
Die Realisierung von Trainingsbelastungen unter den Bedingungen einer geringeren Sauerstoffzufuhr führt zu wesentlich tiefgreifenderen Veränderungen im Organismus als ein gleichgelagertes Training unter normalen Be-

dingungen. Das betrifft besonders die Prozesse der Aufnahme, des Transports sowie der Ausnutzung des Sauerstoffs. Charakteristisch ist eine Ökonomisierung dieser Prozesse.

Für Ausdauersportler, insbesondere Schwimmer, ist die positive Beeinflussung der Atmung wichtig. Das individuelle Volumen der Sauerstoffaufnahme ist bei den meisten Sportlern nach einigen Jahren Hochleistungstraining stabil und begrenzt die weitere Leistungsentwicklung maßgeblich mit. Unter Höhenbedingungen ist nicht nur die Atmung verstärkt, sondern es finden auch adaptive Veränderungen auf zellulärer Ebene, besonders die Vergrößerung der mitochondrialen Sauerstoffaufnahmekapazität, statt. Darin wird eine Ursache für den Anstieg der maximalen Sauerstoffaufnahme in der Reakklimatisationsphase um zehn bis zwölf Prozent gesehen.

Der Energiestoffwechsel wird infolge des verringerten Sauerstoffangebotes (Hypoxie) in Richtung des Kohlehydratstoffwechsels verschoben. Damit kommt es zu einer stärkeren Beanspruchung der glykolytischen Stoffwechselprozesse, die die Hauptenergiequelle für die Absicherung intensiver Belastungen sind. Das Mitochondrium gewährleistet die Verwendung von Sauerstoff für energetische Zwecke. Wird zuviel unter Bedingungen der anaeroben Energiebereitstellung trainiert, leeren sich die Energiespeicher in der Muskelzelle zu weit. Die Erholungsfähigkeiten des Athleten würden dann zum zentralen Problem werden, weil die Wiederherstellungszeiten unter Höhenbedingungen im Vergleich zu denen unter Normalbedingungen stark verzögert sind.

Organisatorische Vorbereitungen und Planung der Schwerpunktaufgaben:
Die Dauer des Höhentrainings sollte aus Gründen der biologischen Anpassung nicht unter 21 Tagen liegen. Der Abstand zum Wettkampf ist festzulegen; zwölf bis vierzehn Tage bis zum ersten Wettkampftag haben sich für die Mehrzahl der Sportler bewährt, achtzehn Tage Abstand sollten nicht überschritten werden.

Die geographische Höhe sollte für hypoxieunerfahrene Sportler bei 2000 bis 2200 m liegen, kann bei hypoxieerfahrenen bis zu 3000 m betragen. Beim intensiven Training in 3000 m Höhe werden so starke Sauerstoffmangelreize gesetzt, daß Regulationsstörungen auftreten können. Es ist deshalb individuell abzuklären, ob die Sportler auf diese Höhe genügend vorbereitet sind.

Zur medizinischen Betreuung der Sportler sind ein Arzt und ein Physiotherapeut nötig. Für eine optimale Steuerung und Regelung des Trainings ist ein erfahrener Trainingsmethodiker zur Unterstützung der Trainer/Übungsleiter zu konsultieren.

Die Sportler müssen völlig gesund und mit guten konditionellen Leistungen vor allem bezüglich der aeroben Kapazität in das Trainingslager fahren. Zur Aufholung von Trainingsrückständen ist das Höhentraining nicht geeignet.

Für jeden Athleten ist genau zu analysieren, welche Leistungsfähigkeit er in den einzelnen Fähigkeitskomplexen vor Beginn der unmittelbaren Wettkampfvorbereitung hatte. Das ist wichtig, weil unter Höhenbedingungen der Organismus anders reagiert, die Laktatwerte, die Herzfrequenz und die Wiederherstellungszeiten bei Standardbelastungen verändert sind. Der Trainer kann sich auf seine Erfahrungen aus dem Flachland nicht verlassen. Ein leichtfertiges Übernehmen der normalen Belastungswerte kann verhängnisvolle Folgen haben. Höhentraining verlangt eine besonders sorgfältige Zusammenstellung des Ernährungsplans. Ausreichende Mengen von Kohlehydraten und Eiweiß sind zuzuführen. Der Flüssigkeitsbedarf ist infolge eines erhöhten Wasser- und Elektrolytverlustes sehr hoch und beträgt zwischen drei und fünf Liter pro Tag. Das Verabreichen von Milch, Mineralwasser und Tee ist wichtig.

Das Freizeitprogramm ist so zu gestalten, daß im Zusammenhang mit der für Höhenlager bewährten mikrozyklischen Gestaltung von zweieinhalb Tagen Belastung zu einem halben Tag Entlastung an jedem dritten Tag eine Aktivität geplant ist. Das beugt einer „Höhentrainings-Psychose" vor.

Der vollständige Trainingsplan ist vor Abreise zum Höhentraining mit den Sportlern zu besprechen, damit sie wissen, was sie wann und warum trainieren sollen. Ebenso müssen sie darauf aufmerksam gemacht werden, welche Dynamik in den Anpassungsprozessen liegt. Die Motivierung ist ganz wichtig.

Es sollten nur Trainer, Übungsleiter und Sportler in das Höhentrainingslager fahren, die fest von der positiven Wirkung überzeugt sind. Jeder muß wissen, daß die Haupteffekte erst in der Reakklimatisationsphase sichtbar werden.

Trainingsmethodisches Konzept:
Das Höhentraining ist dann besonders effektiv, wenn es zum Bestandteil des Trainingsaufbaus in jedem Makrozyklus wird.

Wird es nur in der unmittelbaren Vorbereitungszeit für Wettkampfhöhepunkte des Jahres angewandt, ist es besonders sorgfältig vorzubereiten, d. h., die Ausdauer muß sehr hoch sein. Nach den Nominierungswettkämpfen sind sechs Phasen zu unterscheiden. Erstens sind den Sportlern nach der Nominierung vier bis fünf Tage aktive Erholung zur Wiederherstellung der physischen und psychischen Frische zu gewähren (nicht in Lehrgangsform). Wenn notwendig, sind gesundheitliche Probleme zu klären, z. B. Zahnsanierung. Zweitens ist vor Abreise ein Testtag durchzuführen. Dabei ist mit Hilfe aller am Prozeß beteiligten Trainer, Ärzte, Psychologen, Biomechaniker zu prüfen, welche individuellen Leistungsreserven einschließlich der sportlichen Technik, der Willenseigenschaften u. a. bestehen. Beobachtungsergebnisse von den Meisterschaften sind mit in die Auswertung einzubeziehen. Drittens ist der Anreisetag so zu planen, daß wenigstens ein Training absolviert werden kann. Bei Wahl des Trainingsortes in Gegenden, die eine Zeitverschiebung mit sich bringen, ist ohne Rücksicht auf Müdigkeit sofort der am Trainingsort gegebene Zeitrhythmus einzuhalten. Analog gilt das für den Abreisetag.

Viertens ist das eigentliche Höhentraining in vier Etappen zu unterteilen, wenn man die sich anschließende Reakklimatisationsphase dazuzählt, sind es fünf:

1. Dreitägige Einschwingphase
Ein zu intensives Trainieren in den ersten Tagen führt zur Minderung des allgemeinen Befindens und zur schlechten Belastungsverträglichkeit in den nachfolgenden Trainingstagen. Das Paradoxe ist, daß die Sportler sich wohl fühlen und intensiver trainieren wollen. Trotzdem sollte aber nur ein ganz lockeres Grundlagenausdauertraining erfolgen. Ein paralleles Training an Land sollte ebenfalls locker sein.

2. Sechstägige Phase zur Entwicklung der Grundlagenausdauer I (aerober Bereich) mit langen Teilstrecken. Gleichzeitig ist die Beweglichkeit, Lockerheit und Dehnfähigkeit an Land zu trainieren.
Am fünften Tag abends ist ein Trainingswettkampf im Überdistanzbereich (3000 m Freistil) durchzuführen.

3. Neuntägige Phase zur Entwicklung der Grundlagenausdauer II (aerob/anaerober Übergangsbereich): drei Tage mit langen Teilstrecken, drei Tage mit mittleren Teilstrecken, drei Tage mit kurzen Teilstrecken.

Am Abend jedes zweiten Tages im Mikrozyklus ist ein Trainingswettkampf entsprechend der Teilstreckenlänge durchzuführen, z. B. 800 m im ersten Mikrozyklus, 400 m im zweiten und 200 m im dritten Mikrozyklus. Etwa 20 Minuten nach dem jeweiligen Wettkampf ist es günstig, Einzelbewegungen wettkampfmäßig zu schwimmen. Das hat sich bewährt zur Entwicklung der spezifischen Kraftausdauer und der Mobilisationsfähigkeit.

Im Trainingsaufbau ist die Effektivität besonders hoch, wenn ein systematischer Wechsel der Hauptbelastungsserien nach dem folgenden Schema erfolgt:
– Einzelbewegungen der Beine,
– Gesamtbewegung,
– Einzelbewegungen der Arme,
– Gesamtbewegung.
Parallel dazu wird an Land ein spezifisches

Kraftausdauertraining (möglichst an der Biobank) durchgeführt. Die Beweglichkeit ist intensiv zu trainieren, und die Lockerung darf nicht vernachlässigt werden.

4. Die Ausschwingphase von drei Tagen sollte einem lockeren Training der Grundlagenausdauer I (ca. 50% vom gewohnten Umfang) vorbehalten bleiben. Es ist wichtig, daß die Athleten sich bereits unter Höhenbedingungen weitgehend wiederherstellen um unter normalen Bedingungen sofort das Training wieder weiterführen zu können. Notwendig ist das vor allem, um nach fünf bis sechs Tagen das wettkampfspezifische Training aufnehmen zu können.

Das wettkampfspezifische Training beginnt erst jetzt, weil es sich in der Höhe – ausgenommen die 50-m-Sprinter – nicht bewährt hat. Infolge der hohen Intensität wäre die Ermüdung so hoch, daß die Wiederherstellungszeiten sehr lang sein müßten. Das wiederum würde zu einer zu starken Minderung des für Ausdauersportler so wichtigen Kilometerumfanges führen.

5. Erforderlich ist eine Rückanpassung von

Bild 46
Einzelbewegung
Beine

86

drei Tagen (einschließlich Reisetag). Trotz notwendiger psychischer Einstellung auf ein normales Leben zu Hause muß täglich zweimal locker trainiert werden, wobei das Entwickeln von Grundlagenausdauer I im Vordergrund steht.

Danach erfolgt eine dreitägige, die Schnelligkeitsausdauer betonende Grundlagenausdauer-II-Phase, die den wettkampfspezifischen Akzent vorbereitet. Starts und Wenden sind schwerpunktmäßig mitzutrainieren. Lokkerung und Dehnung an Land unterstützen zudem die Effektivität des Schwimmtrainings.

Aspekte der Steuerung und Regelung des Trainings

Belastungssteigerung sowie Steuerung und Regelung des Trainings gehören zusammen. Die Kontrolle darüber zu haben, ob die Erwartungen im Training erfüllt worden sind, das ist etwas Unverzichtbares. Das setzt voraus, daß sich der Trainer bzw. Übungsleiter eine begründete und detaillierte Erwartungshaltung erarbeitet. Nur dann wird er aktiv Ursachen und Wirkungen vergleichen und so zur Weiterentwicklung seines trainingsmethodischen Vorgehens kommen. Drei Aufgaben, auf die zuvor schon verwiesen wurde, sollen hier nochmals genannt sein, weil sie in jedem Konzept enthalten sein müssen:

– Tests für alle Teilkomponenten des Wettkampfs;
– Standardtrainingsprogramme und Standardtests für die Hauptaufgaben;
– die Zyklusmethode zur Überschaubarkeit und Korrigierbarkeit der Trainingsinhalte im Verhältnis zu den erzielten Wirkungen.

Auch auf den Wert von **Pulsmessungen** für die Steuerung und Regelung des Trainings sei hier nochmals verwiesen. Richtig und ehrlich gemessen, sind sie trotz einer bestimmten Fehlerbreite sinnvoll zum Finden von optimalen Belastungsbereichen. Weder Über- noch Unterforderung nützt der Leistungsentwicklung. Die Schwimmer müssen von klein an daran gewöhnt werden, **sofort nach der Belastung** (schon 20 bis 30 Sekunden nach der Belastung hat der Puls keine Aussagekraft mehr) an der Halsschlagader zehn Sekunden lang zu messen, den Wert dann mit sechs zu multiplizieren und die so ermittelte Pulsfrequenz pro Minute zu registrieren. Die Meß-Zeit lesen die Schwimmer selbst an der Pausenuhr ab, oder der Übungsleiter/Trainer gibt das Kommando für Beginn und Ende der Zählung. Genauer aber sind Messungen, die während der Belastung vorgenommen werden.

Die im Handel befindlichen Geräte sind leider selten auf Dauer wasserdicht und deshalb nicht ideal. Legt man die Gürtel mit den Elektroden an den Beckenrand, können die Schwimmer sofort nach dem Anschlag den Gürtel anhalten, und der Übungsleiter kann an der Pulsuhr, die er trägt, den Wert ablesen und speichern. Auf diese Weise wird die Genauigkeit der Werte höher.

Aspekte der Leistungsentwicklung

Die von den Mitgliedern eines Schwimmvereins angestrebten Leistungen sind je nach Alter und Interessen unterschiedlich. Die einen wollen einfach Fitness, die anderen gute Wettkampfleistungen und einige wenige kämpfen um Rekorde und Siege. Für alle aber gilt gleichermaßen, daß ohne geistige Vorbereitung, Schaffung einer inneren Übereinstimmung mit dem selbstgestellten Ziel und daraus erwachsender Motivation nichts gelingt. Nur wer sich seelisch in einem ausgeglichenen Zustand befindet, kann mit hohen Trainingsbelastungen fertig werden. Die Motive dafür sind oft nicht stabil, und aktuelle Emotionen, vor allem in Abhängigkeit von schlechten Wettkampfleistungen oder tiefen Ermüdungszuständen, überwiegen. Daraus resultiert, daß eine sachliche geistige Auseinandersetzung als ständiger Prozeß gesehen werden muß, der dem Training vorausgeht, es begleitet und analysiert. Beeinflußt wird dieser Prozeß auch von Leistungen, die andere Schwimmer im Training oder Wettkampf erreicht haben. Und nicht zu vergessen auch das Phänomen der „Schallmauer": Jahrelang ringen oft in der ganzen Welt Athleten vergebens darum, eine bestimmte Leistungsgrenze (Mauer) zu überspringen. Gelingt es dann einem Sportler, können es unmittelbar danach meist noch mehrere. So verhält es sich auch bei den hohen und höchsten Trainingsbelastungen. Individuell scheinbar Unmögliches wird zur Norm, wenn es viele tun. Will man leistungsfähiger werden als andere vergleichbare Schwimmer, muß man die Frage klären, ob die eigene Belastung höher ist, ob man einen Belastungsvorlauf hat oder sich ständig auf Aufholjagd befindet und ob man psychisch gut auf die sportliche Auseinandersetzung vorbereitet ist.

Regel 28
Nur ein körperlich und geistig gut vorbereiteter Sportler ist erfolgreich.

Wichtige Probleme sind:
- Bewegungsvorstellungen, Bewegungsharmonie und „Rutsch"
- Überwindung von Ermüdungszuständen
- Verhalten in kritischen Wettkampfphasen
- Mobilisation im Endspurt und Konzentration auf den Anschlag.

Für die Gestaltung der Wettkämpfe ist ein Rennkonzept festzulegen und danach so zu trainieren, daß die Realisierung im entscheidenden Moment gelingen kann.

Im Schwimmsport gibt es drei Varianten der Renngestaltung:
- *Gleichmaß,* das heißt, die Teilstrecken werden fast genau in gleichen Zeiten bewältigt.
- *Positives Angehen,* das heißt, die erste Teilstrecke wird schneller geschwommen als die zweite.
- *Negatives Angehen,* das heißt, die erste Teilstrecke wird langsamer als die zweite geschwommen.

Es erhebt sich nun die Frage: Was ist theoretisch die beste Variante? Es ist das Gleichmaß! Folgendes simple Beispiel aus der Technik bestätigt das, soll aber gleichzeitig anregen, sich solchen Gesetzmäßigkeiten nicht zu verschließen:

Zwei Autos legen eine gleiche Strecke von 100 m Länge zurück. Das erste Auto (A) fährt gleichmäßig mit 75 km/h, das zweite Auto (B) fährt ungleichmäßig 50 km mit einer Geschwindigkeit von 100 km/h und 50 km mit 50 km/h. Auto A braucht für die vorgegebene Strecke eine Fahrzeit von 80 Minuten, während Auto B für die ersten 50 km eine Zeit von 30 Minuten, für die zweiten 50 km 60 Minuten und somit eine Gesamtfahrzeit von 90 Minuten benötigt.

Tabelle 30   Unterschiedliche Renngestaltung ausgewählter Top-Athleten über 400 m Freistil

Jahr	Name/Platz	Wettkampf-ergebnis	Teilstreckenzeiten	Rennverlauf
1973	Demont/Weltmeister	3:58,18 min	59,47 – 1:00,66 – 59,87 – 58,18 2:00,13 min / 1:58,05 min	Differenz zwischen beiden Streckenhälften – 2,08 s NEGATIV
1973	Apel/6. der Weltmeister-schaften	4:04,92 min	59,62 – 1:01,79 – 1:01,65 – 1:01,86 – 2:01,49 min / 2:03,51 min	Differenz zwischen beiden Streckenhälften – 2,10 s POSITIV
1976	Godell/Olympiasieger	3:51,93 min	56,73 – 59,22 – 58,67 – 57,31 1:55,95 min / 1:55,98 min	Differenz zwischen beiden Streckenhälften – 0,03 s GLEICH
1978	Salnikow/Weltmeister	3:51,94 min	57,91 – 59,14 – 57,78 – 57,11 1:57,05 min / 1:54,89 min	Differenz zwischen beiden Streckenhälften – 2,16 s NEGATIV
1978	Petric/8. der Welt-meisterschaften	3:56,85 min	57,08 – 59,68 – 1:00,87 – 59,22 1:56,76 min / 2:00,09 min	Differenz zwischen beiden Streckenhälften – 3,33 s POSITIV
1988	Daßler/Olympiasieger	3:46,95 min	55,30 – 57,80 – 58,50 – 55,50 1:53,10 min / 1:53,70 min	Differenz zwischen beiden Streckenhälften – 0,68 s FAST GLEICH

Zusammenfassend sei nochmals betont, daß die Bewegungstechnik, die Trainingsbelastung und die Wettkampfleistung eng miteinander verknüpft sind, und nur eine komplexe Betrachtungsweise zur Erfüllung der gesteckten Ziele führt.

Schöpferische Weiterentwicklung des Grundkonzepts

Die Weiterentwicklung traditioneller Ausbildungsprogramme des Vereins sind Ansporn und Aufgabe für Trainer und Übungsleiter.
In jedem Schwimmverein, in jeder Trainingsgruppe sollte es im Vergleich zu anderen ein unverwechselbares Trainingskonzept geben. Ein Grundkonzept bietet jedem Übungsleiter und Trainer noch eine Fülle von Möglichkeiten, seine schöpferischen Kräfte zu entfalten, seine eigenen Erfahrungen einzubringen und effektive Trainingspläne zu entwickeln.

Der große Vorteil eines für den Verein gültigen Grundkonzepts liegt in einer aufeinander abgestimmten Ausbildung im Mehrjahresverlauf, auch dann, wenn die Gruppen mit zunehmendem Alter die Übungsleiter bzw. Trainer wechseln. Kann ein Übungsleiter oder Trainer in der Vorbereitung, Durchführung und Bewertung des Trainings auch auf das Wissen von Sportpsychologen, Sportmedizinern und Biomechanikern zurückgreifen, wird er die notwendige Komplexität erreichen. Seine Hauptaufgabe besteht darin, bestmöglich dafür zu sorgen, daß die bei ihm trainierenden Schwimmer ihre Ziele erfüllen. Dafür ist pädagogische Meisterschaft erforderlich, und um die muß gerungen werden. Genauso, wie ein Sportler viele Jahre trainieren muß, bis er zu den Besten zählt, so muß auch ein Übungsleiter/Trainer systematisch sein Wissen auf dem Gebiet der Trainingslehre und der pädagogischen Führung von Sportlern erweitern. Regelmäßige Weiterbildungen gehören deshalb zum Alltag. Die Leitungen der Schwimmvereine sollten sich ein eigenes Ausbildungskonzept erarbeiten, nicht zuletzt, damit sich junge Übungsleiter rasch in ihr Aufgabengebiet einarbeiten können.

Folgende Schwerpunkte müssen u.a. Bestandteil des Trainingsprozesses sein:
Kenntnisvermittlung soll zu neuen **Einsichten** führen und **Überzeugungen** auslösen. Dafür ist die Schulung der Sportler nötig. In Gesprächen und Diskussionsrunden sind wahlweise Themen zu besprechen, die für die Lösung langfristiger oder aktueller Trainingsaufgaben besonders wichtig sind. Der Trainer/Übungsleiter muß dafür sorgen, daß er die Kenntnisse altersgerecht vermittelt, daß die Schwimmer begreifen, was im Training auf sie zukommt und wo die kritischen Punkte sind. In einer vertrauensvollen Atmosphäre ohne Tabus muß alles ausgesprochen werden, was wichtig erscheint. Auf diese Weise geschaffene Klarheit ersetzt so manchen Schwimmkilometer, der infolge der Theoriestunden nicht realisiert werden konnte. Die Themen für die Theoriestunden oder Gespräche sollten vorher bekannt sein, damit sich die Schwimmer ihre Fragen überlegen können. Die Inhalte könnten sich beispielsweise auf die in diesem Buch genannten Regeln beziehen, die dann erweitert werden müßten um solche zu sportgerechter Lebensweise, Ernährung, Trainingsablauf u.a.

Erfolgreich vermittelte Kenntnisse spiegeln sich im Training wider. Das sollte kontrolliert und mit den Schwimmern ausgewertet werden.

Es ist zu unterscheiden zwischen Überzeugungen und **Verhaltensweisen,** die
– die Haltung zum Trainings- und Wettkampfziel ausdrücken, z. B. Zielstrebigkeit, Leistungsbereitschaft, Selbstbewußtsein, Optimismus, Siegeswille;
– sich im Training und Wettkampf selbst widerspiegeln, z. B. Trainingsfleiß, Exaktheit in der Aufgabenerfüllung, Selbständigkeit, Schöpfertum, Kampfgeist.

Die besondere Aufgabe des Trainers/Übungsleiters besteht darin, immer wieder aufs neue zu prüfen, ob die Schwimmer mit ausreichend vielen Situationen konfrontiert werden, in denen die geforderten Eigenschaften sich tatsächlich auch trainieren lassen.

Gewohnheiten müssen parallel zu den Überzeugungen entwickelt werden. Je mehr Grundregeln selbstverständlich sind, desto weniger unschöne Auseinandersetzungen wird es zwischen Trainer bzw. Übungsleiter und Schwimmer, zwischen den Sportlern untereinander oder mit dem Schwimmbadpersonal geben. Den Sportlern sollte klargemacht werden, daß es Dinge gibt, über die man nicht immer wieder diskutieren kann, weil sie für das Gruppenklima, die Gesundheit, die Trainingsorganisation, die Leistungsentwicklung usw. ganz einfach eine Grundbedingung sind; z. B. Sauberkeit, zweckmäßige Kleidung, Pünktlichkeit, Disziplin, Einhaltung von Wettkampfregeln, Ordnungsliebe, Sorgfalt im Umgang mit Trainingsgeräten.

Auch hier wieder der Hinweis auf das Anlegen einer Sammlung all der Eigenschaften, die bei den Schwimmern ausgeprägt werden sollen und über die man mit ihnen häufig reden

sollte. Unterbleibt letzteres, schleicht sich bald Routine oder „Betriebsblindheit" ein. Manch Wichtiges würde in Vergessenheit geraten und erst bei der Ahndung von Verstößen wieder zum Thema werden. Eine offensive Erziehung ist immer besser.

Über das Verhältnis zwischen Trainer/Übungsleiter und Sportler

Das Training ist ein pädagogischer Prozeß, für den der Trainer/Übungsleiter die volle Verantwortung trägt. Die nötige Autorität muß er sich erwerben und ständig festigen. Sportlerbefragungen zufolge können aufgeschlossene, freundliche, optimistische, sachliche, aber strenge Trainer und Übungsleiter besser harte Trainingsanforderungen durchsetzen, als ständig zu Späßen aufgelegte, laufend grimmige oder solche, die um eines guten Klimas willen zu Abstrichen in den Trainingsaufgaben bereit sind. Da letztere auch zu Unsachlichkeiten neigen, wenn die Wettkampfresultate nicht den Wünschen entsprechen, sind sie nicht die richtigen Partner für ehrgeizige Schwimmer.

Regel 29
Je besser das Vertrauensverhältnis zwischen Trainer und Sportler ist, je mehr von beiden Seiten auf der Grundlage objektiver Sachverhalte und Werte aus Training und Wettkampf gearbeitet wird, desto positiver wird die Leistungsentwicklung sein.

Hinweise zur Trainings- und Leistungsdokumentation
Vor Beginn des Trainingsjahres haben Trainer/Übungsleiter und Schwimmer gemeinsam

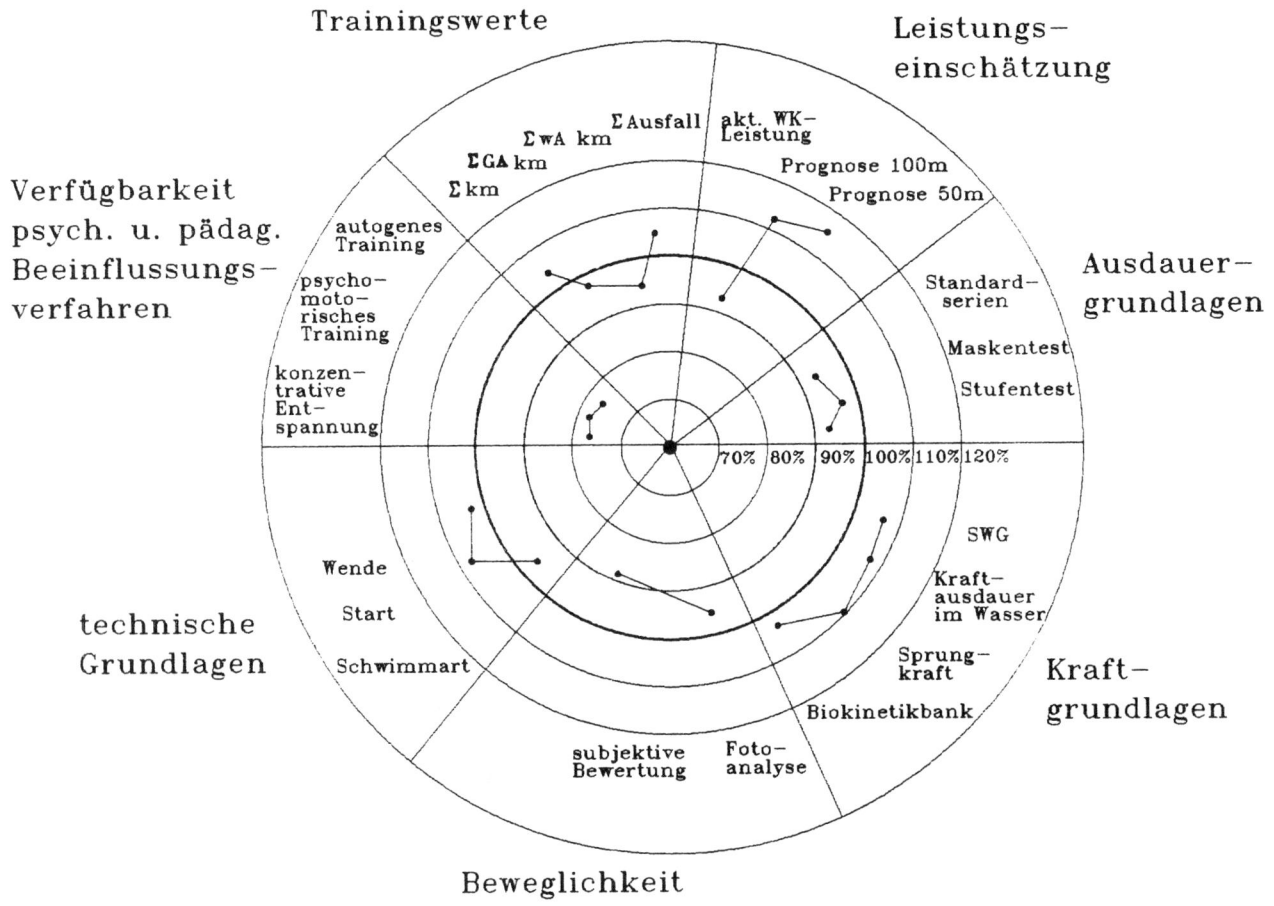

Bild 47 Entwicklungsstand der Fähigkeiten in Abhängigkeit von den Normbereichen, exemplarische Darstellung (SWG – Schwimmwiderstandgerät; WK – Wettkampf; wA – wettkampfspezifische Ausdauer; GA – Grundlagenausdauer)

festgelegt, was sie wann, wodurch erreichen wollen. Eine Dokumentation des tatsächlich realisierten Trainings und der erzielten Test- und Wettkampfleistungen hilft bei der Bewertung der Wirksamkeit des trainingsmethodischen Vorgehens und der Belastungshöhe. Nun gibt es inzwischen viele, sehr umfangreiche und zeitaufwendige Dokumentationsver-

fahren. Meist können sie die Übungsleiter bzw. Trainer nicht einsetzen, weil ihnen dafür die Zeit fehlt. Zudem ist so manche Dokumentation auch kritisch zu betrachten, weil sie die Komplexität und zeitliche Lage im Trainingsjahr nicht auf einen Blick erkennen läßt. Es ist deshalb ratsam, sich auf übersichtliche Grafiken oder Tabellen zu orientieren, die auch in den Auswertungen mit den Schwimmern schnell Zusammenhänge offenbaren.

Besonders zweckmäßig ist es, die wesentlichen Inhalte in einem Kreisdiagramm (Bild 47) einzuzeichnen. Zu Beginn des Trainingsjahres wird festgelegt, was als 100 Prozent anzusehen ist. Das können die Vorjahreswerte ebenso sein wie die Zielwerte des neuen Trainings- und Wettkampfjahres. Die in jedem Makrozyklus erzielten Veränderungen in positive und negative Richtungen werden farbig in die entsprechenden Bereiche eingezeichnet. Das gibt einen schnellen Soll : Ist-Vergleich, läßt erkennen, wo Stärken und Schwächen liegen und bietet Stoff für eine sachliche Auswertung.

Zur Vorbereitung von Wettkampfreisen und Trainingslehrgängen

Die inhaltliche Vorbereitung ist langfristig in den Plänen ausgewiesen. Hier sollen einige Hinweise zur Organisation vermittelt werden. Es ist sowohl für den Geschäftsführer als auch für den Trainer/Übungsleiter wichtig, sich auf einen immer wiederkehrenden Algorithmus festzulegen und diesen Schritt für Schritt abzuarbeiten. Das sollte auch die Auswertung von Wettkämpfen und Lehrgängen einschließen. Um unliebsamen Überraschungen vorzubeugen ist es sinnvoll, eine kleine Checkliste aufzustellen, die den Teilnehmern übergeben wird. Das erleichtert den Sportlern und, wenn es sich um Kinder oder Jugendliche handelt, den Eltern, die Reisevorbereitungen zu treffen. Auf dieser Liste sollte alles stehen, was man braucht, auch wenn es sich um die sogenannten Selbstverständlichkeiten wie Bademantel, Socken, Mütze oder Sportausweis handelt. Der genaue An- und Abreisetermin und der Treffpunkt sollten ebenfalls nicht fehlen.

Zum Konzept eines Schwimmvereins muß es auch gehören, daß die Wettkämpfe und Lehrgänge nicht nur zu Leistungshöhepunkten, sondern auch zu kulturellen Ereignissen werden, die das Gemeinschaftsgefühl und den Stolz auf den eigenen Verein fördern. Diesbezügliche Aktivitäten bedürfen meist einer aufwendigen Vorbereitung, müssen schon lange vor dem eigentlichen Wettkampf eingeleitet werden.

Verantwortung für das Abtrainieren von Schwimmern

Beenden Sportler ihre aktive Laufbahn, müssen sie langsam und nicht plötzlich die Trainingsbelastung zurücknehmen. Tun sie das nicht, sind gesundheitliche Schäden die Folge. Das Abtrainieren kann zum Teil auch durch ein vielseitiges, allgemein athletisches Training erfolgen. Ein guter Trainer/Übungsleiter fühlt sich auch für diese Phase der Zusammenarbeit mit seinem Sportler verantwortlich. Er muß auch darauf verweisen, daß sportmedizinische Kontrollen für mindestens einen Zeitraum von ein bis zwei Jahren unbedingt sein müssen.

Die ersten zwölf Wochen nach dem Ausscheiden aus dem Leistungstraining ist wöchentlich möglichst genauso oft zu trainieren, wie es in der aktiven Zeit üblich war. Geändert werden sollten der Umfang und die Intensität. Allmählich wird die Belastung von ca. 70 auf 30 Prozent gesenkt. Parallel dazu sollte langsam von der spezifischen zur allgemeinen Konditionierung übergegangen werden.

Sind Sportler vom gesundheitlichen Wert des Abtrainierens nicht zu überzeugen, müssen ihnen die Risiken deutlich gemacht werden.

Weitere Ratschläge für die Arbeit mit jungen Sportlern

Die Analyse des Trainings, der Wettkämpfe und der persönlichen Lebensweise helfen dem Sportler, individuelle, erfolgreiche Programme zu entwickeln.

Die Sportler müssen von Beginn ihres Trainings an so erzogen werden, daß sie sich für ihre Leistungsentwicklung mitverantwortlich fühlen. Für dieses Ziel müssen Trainer und Übungsleiter viel Zeit investieren. Wie gut und schnell es erreicht wird, ist u. a. davon abhängig, welche Aufgaben auf die Schwimmer übertragen werden.

Aufgaben der Sportler:
– Ausprägen der Eigenverantwortung für die Leistungsentwicklung durch Erfüllung von Trainingsaufgaben und sportartgerechte Lebensweise;
– Motivation für Nah- und Fernziele und Konzentration auf die aktuellen Anforderungen;
– Selbstbewertung und Selbstkontrolle in bezug auf die als wichtig erkannten Eigenschaften;
– zielorientierte Erlebnisverarbeitung, besonders nach harten Trainingsbelastungen und extrem positiven oder negativen Wettkampfergebnissen.

Die Herausbildung notwendiger Einstellungen und Eigenschaften erfolgt am besten im Prozeß der Tätigkeit. Die reale Praxis des Trainings und Wettkampfes ist der Prüfstein für den erreichten Entwicklungsstand. Selbstvertrauen und Steigerungsfähigkeit bei entscheidenden Wettkampfhöhepunkten können nur auf der Grundlage vielfach wiederholter komplexer, wettkampfspezifischer Trainingsbelastungen entstehen. Das sogenannte psychische Versagen im Wettkampf hat seine Ursachen vor allem in der ungenügenden Einhaltung dieses Trainingsgrundsatzes.

Noch einmal zur Problematik der Erlebnisverarbeitung: Verläuft im Training und Wettkampf alles *normal,* ist keine Auseinandersetzung mit sich selbst erforderlich. Selbstbeherrschung, Selbstkritik und Selbstbefragung sind kaum nötig – man lernt sich selbst nicht richtig kennen. Im Training müssen somit solche Situationen geschaffen werden, die den Organismus aus dem Gleichgewicht bringen und stark ermüden, auf daß er sich anschließend für künftige, noch höhere Beanspruchungen wappne. Wie aber reagieren Schwimmer auf solche Situation? – Die einen sind stolz darauf, daß sie so ungewohnt hohe Trainingsanforderungen bewältigt haben. Sie gehen mit einem guten Gefühl – trotz der momentanen Erschöpfung – nach Hause. Aufgrund ihres psychischen Hochs erholen sie sich auch rasch. Die anderen spüren schon während des Trainings Zorn in sich aufsteigen, weil sie die Belastungen für viel zu hoch halten. Sie streiten mit dem Trainer bzw. Übungsleiter und bauen innere Barrieren auf. Nach dem Training „hängen sie durch" und sind mit allem unzufrieden. Das wirkt sich auch auf das Tempo der Wiederherstellung negativ aus.

Regel 30
Nur in der Tätigkeit entwickeln sich die Eigenschaften und Fähigkeiten, die im entscheidenden Moment gebraucht werden. Was nicht trainiert wurde, kann im Wettkampf auch nicht geleistet werden.

Über das Führen eines Trainingstagebuchs:
Diese Aufzeichnungen dienen in erster Linie

dem Schwimmer zur Selbsteinschätzung seines Tuns und der erzielten Ergebnisse. Einen Teil der Aufzeichnungen braucht er auch für die Gespräche mit dem Trainer/Übungsleiter. Deshalb sollten für bestimmte Tests und Wettkämpfe, für Gewichtskontrollen und zur Einschätzung der Ermüdung nach dem Training spezielle Analysebogen vorbereitet sein. Am besten ist es, wenn der Trainer/Übungsleiter mit den Sportlern gemeinsam zweckmäßige Vordrucke erarbeitet, und alle Mitglieder der Trainingsgruppe die gleichen verwenden. Das ermöglicht auch gute Vergleiche untereinander.

Ein Trainingstagebuch sollte in folgende Teile untergliedert sein:

— Allgemeine Eintragungen zum Befinden, Schlaf, zur Gesundheit, zum Gewicht, Ruhepuls u.a.m.;
— Trainings- und Testleistungen;
— Wettkampfleistungen;
— Erinnernswertes zu Wettkampfreisen, Zeitungsausschnitte u. a.

Zur Chronik des Schwimmvereins und der Trainingsgruppe:

Aufzeichnungen von heute bringen für die Zukunft Freude, Besinnung und sind bleibende Dokumente für ein Stück mitgestalteten Lebens in einer Gemeinschaft. Die Sportler sollten angeregt werden, darüber nachzudenken und mitzuhelfen, durch ein paar Zeichnungen, „selbstgeschossene" Fotos und/oder kleine Berichte über Erlebnisse vieles von dem festzuhalten, was sie bewegt hat.

Das ist ein probates Mittel, die Sportler dazu zu bewegen, sich kritisch mit dem Geschehen im Verein auseinanderzusetzen. Für den Trainer/Übungsleiter ist es zudem eine Möglichkeit, weitere Informationen über seine Sportler zu erhalten.

Entwicklungstendenzen

Ob ein Konzept tragfähig und zeitgemäß ist, läßt sich nur im Vergleich mit den nationalen und internationalen Entwicklungstendenzen feststellen. Deshalb sind nachfolgend die wichtigsten genannt.

Allgemeine trainingsmethodische Tendenzen

● Aufbau und planmäßige Entwicklung von **Talentsichtungs- und Talentfördersystemen**
● langfristige Ausbildung geeigneter Sportler zu **Weltspitzenathleten** auf der Grundlage **individueller Entwicklungskonzeptionen**
● systematische **Steigerung der Trainings- und Wettkampfbelastungen** bei Anerkennung des Erfahrungswertes, daß Belastungssteigerungen und Leistungssteigerungen parallel verlaufen
● Zunahme des **wettkampfspezifischen Trainings** und der Anzahl der **Wettkämpfe** für trainingsältere Sportler zur Optimierung der Abläufe im Organismus auf höchster Stufe
● Aufwertung der **psychisch-emotionalen Prozesse** im Training und die Förderung der **geistigen Auseinandersetzung** mit der Zielleistung und der notwendigen Ausrichtung des persönlichen Lebensregimes
● gleichberechtigte Behandlung von **Belastung, Wiederherstellung und Ernährung** (Ernährung und Regenerationsmaßnahmen müssen sich nach der Art und Dauer der Belastung richten und auf die psychische und physische Wiederherstellung orientieren).

Spezielle trainingsmethodische Tendenzen

● **Klimalehrgänge** – zur Steigerung der Belastung und der Motivation
● natürliches und künstliches **Höhentraining** (in der Barokammer) – zur Steigerung der Belastungsverträglichkeit
● **Planung und Realisierung eines Trainingsabschnittes „UWV"** – zur Ausprägung der Form und Sicherung des geplanten Wettkampfergebnisses
● **Leistungssport für Mädchen und Frauen** – wird besonders gefördert
● **ganzjährige allgemeine Konditionierung und Stretching** – zur Unterstützung und zum Ermöglichen höherer spezifischer Belastungen sowie Vermeidung von Verletzungen
● **Training in „fremden Sportarten"** – zur Verbesserung der allgemeinen Kondition.

Schlußwort

Abschließend muß nochmals darauf verwiesen werden, daß dieses Buch vor allem denen, die keine spezielle Ausbildung in der Sportwissenschaft oder Sportpädagogik absolvieren konnten, eine Orientierungshilfe für ihre Arbeit im Verein sein soll. Zudem werden erfahrene Übungsleiter und Trainer hier vielfältige Anregungen finden, zum Teil beruhend auf neuesten wissenschaftlichen Erkenntnissen. Das Kopieren von vorgestellten Trainingsprogrammen erfolgreicher Athleten ist allerdings nicht der richtige Weg, weil die Bedingungen für das Training, die Lebensbedingungen sowie die individuellen Voraussetzungen nicht mit übernommen werden können. Es gibt viele interdisziplinär gewonnene Erkenntnisse und Erfahrungen für die Weiterentwicklung der Trainingslehre, die man berücksichtigen sollte. Zum Teil sind diese zu verallgemeinerungswürdigen Erfolgsregeln zusammengefaßt worden, die den Rang von Gesetzmäßigkeiten haben.

Auf dieser Basis läßt sich für alle Anwendungszwecke im Schwimmverein ein tragfähiges Konzept aufbauen und weiterentwickeln. Auf dem Weg zur Ausarbeitung eines vereinseigenen Grundkonzeptes ergibt sich vielleicht noch der nützliche Nebeneffekt, daß man merkt, auf welchem Gebiet der Trainingslehre und der pädagogisch-psychologischen Führung man noch mehr wissen müßte. Bemüht man sich dann aktiv darum, die erkannten Lücken zu schließen, ist der eigentliche Zweck dieses Buches erreicht.

Viel Erfolg und Freude in der Tätigkeit im Schwimmverein wünschen die Autorin und der Verlag.

Anlage

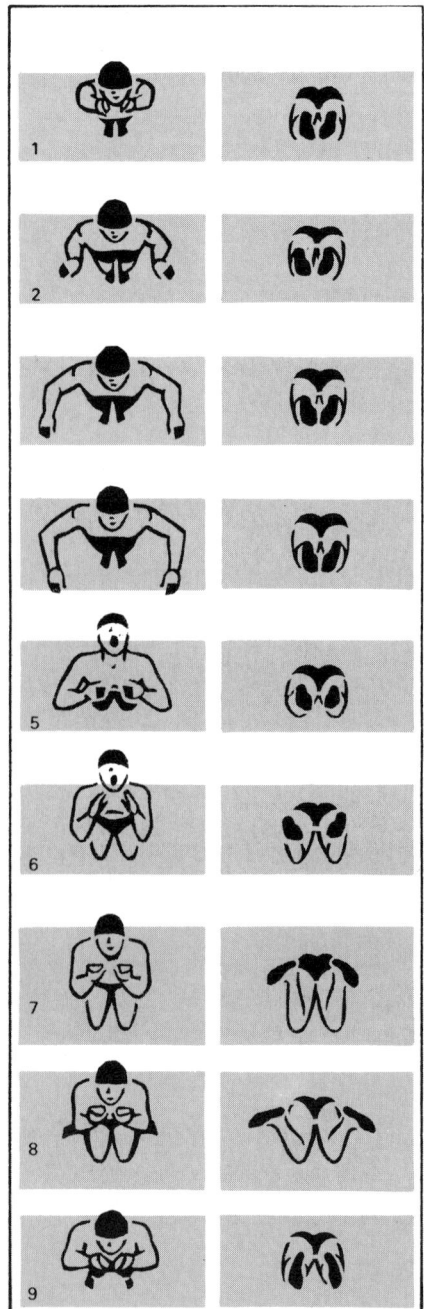

Bild 48   Konventionelle Variante

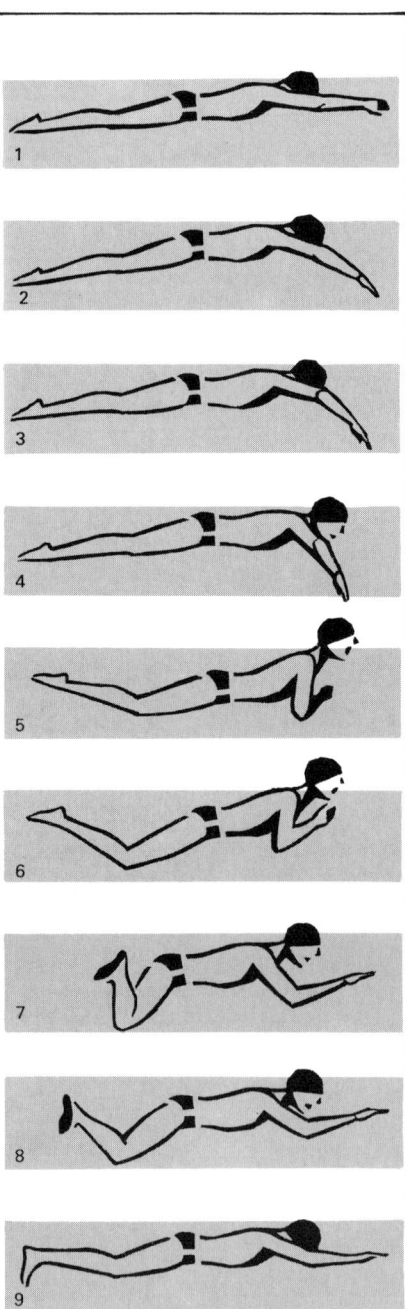

Bild 49   Neue Variante

Technikdarstellung:
Schmetterlingsschwimmen

Bild 50

Technikdarstellung: Kraulschwimmen

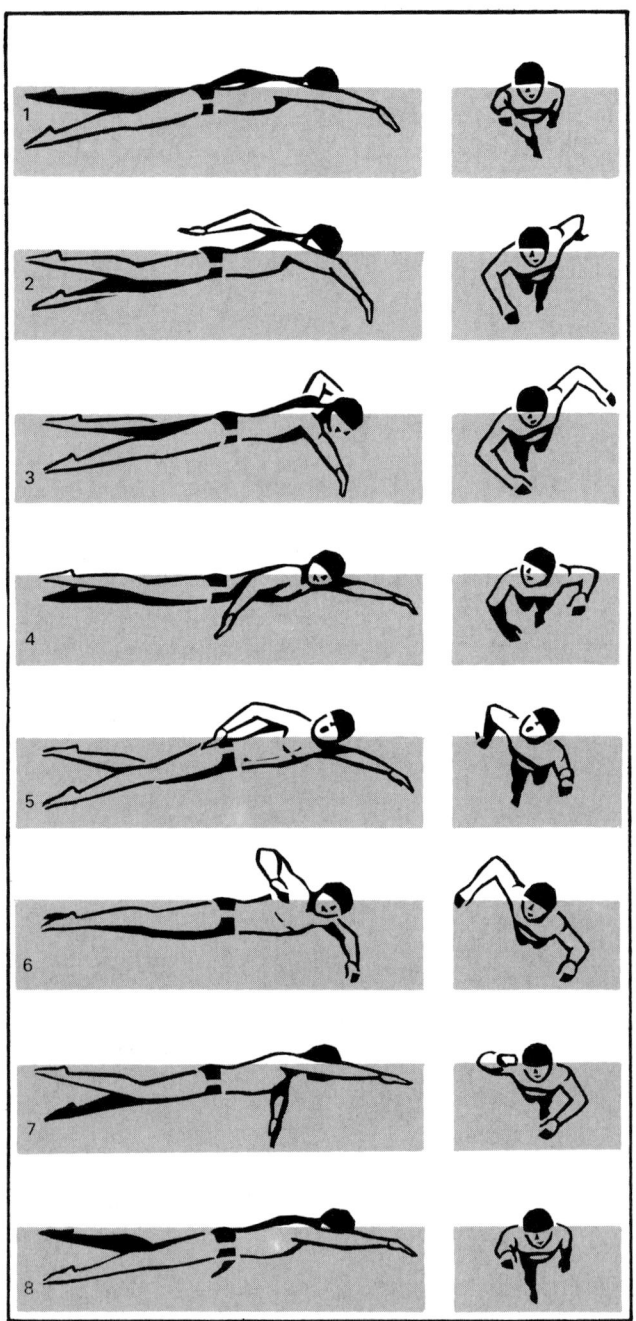

Bild 51

Bild 52

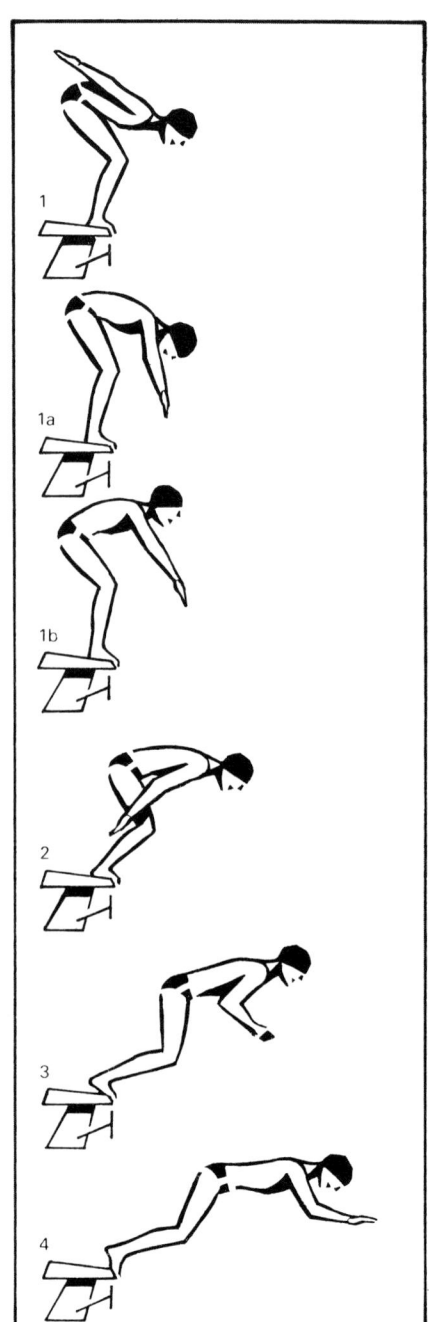
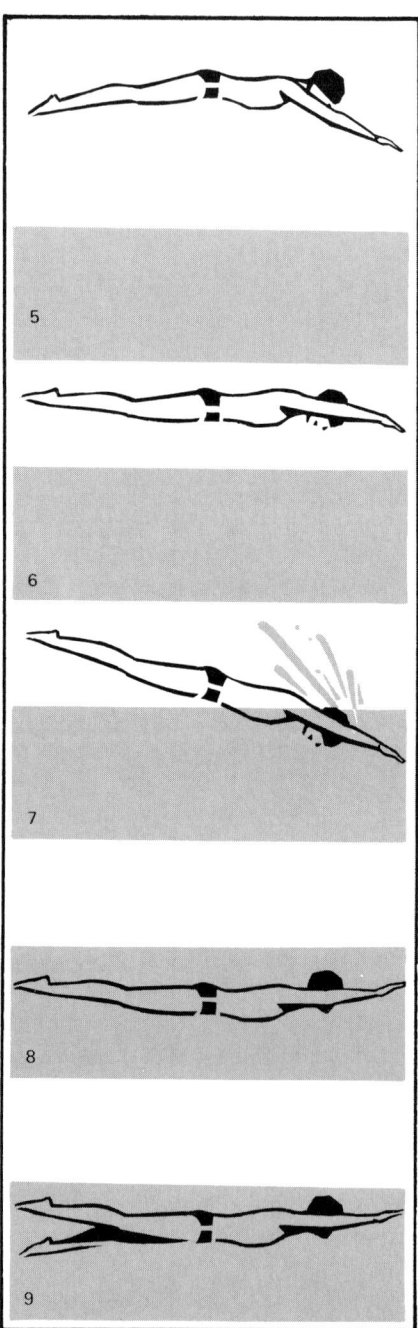

Bild 53 Streckstart mit Armschwung und paralleler Fußstellung (konventioneller Start)

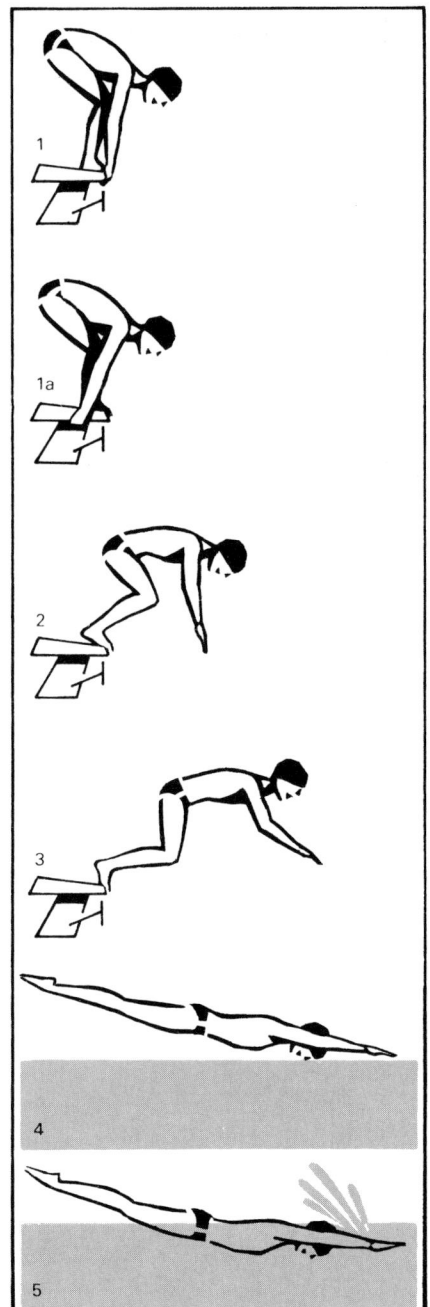

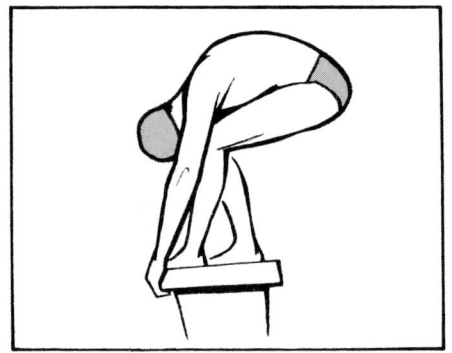

Bild 55   Schrittstart – Ausgangsstellung

Bild 54   Streckstart mit Griff zum Startblock (Greifstart); 2 Varianten der Ausgangsstellung

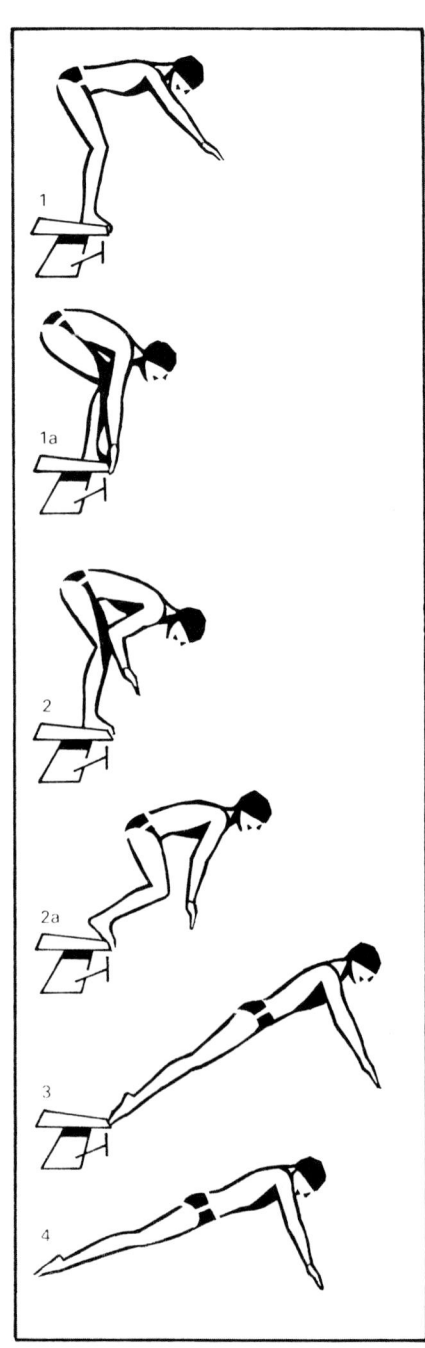
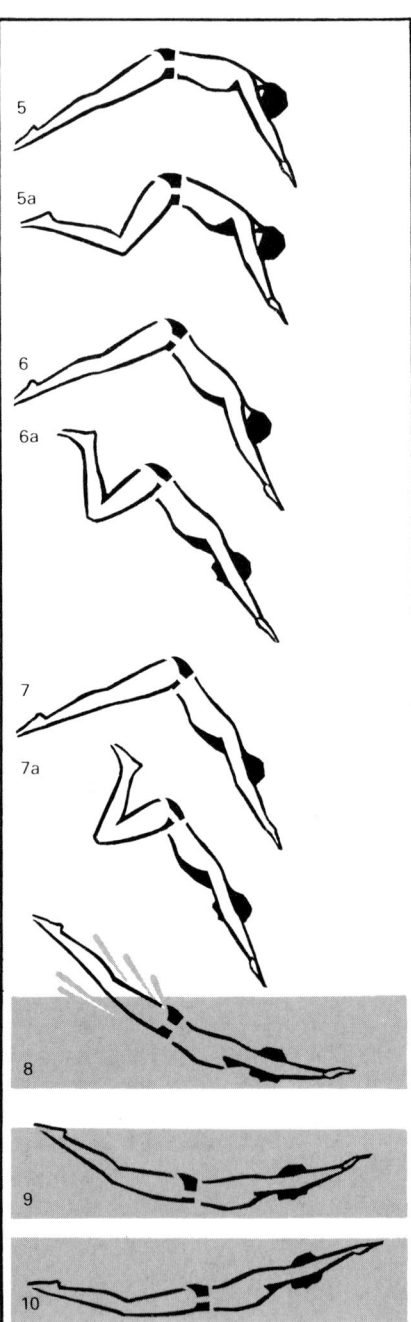
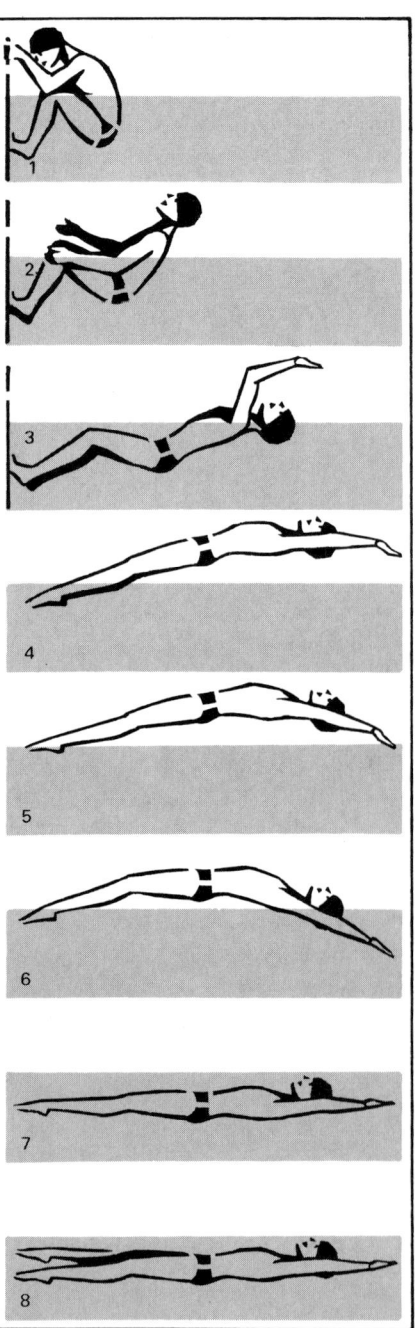

Bild 56   Hock-Bückstart (zwei Varianten der Ausgangsstellung)

Bild 57   Rückenstart

Technikdarstellungen der Wenden

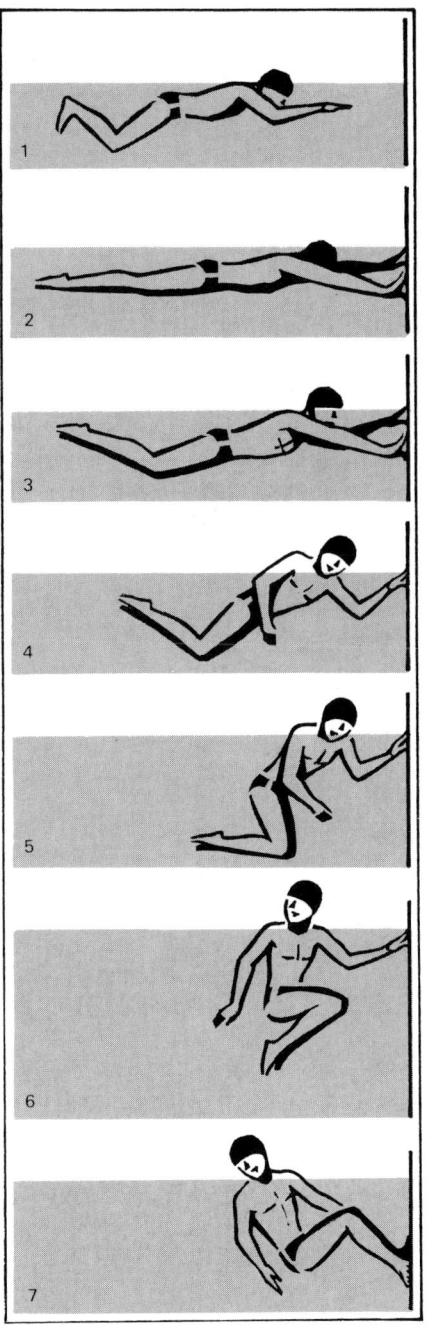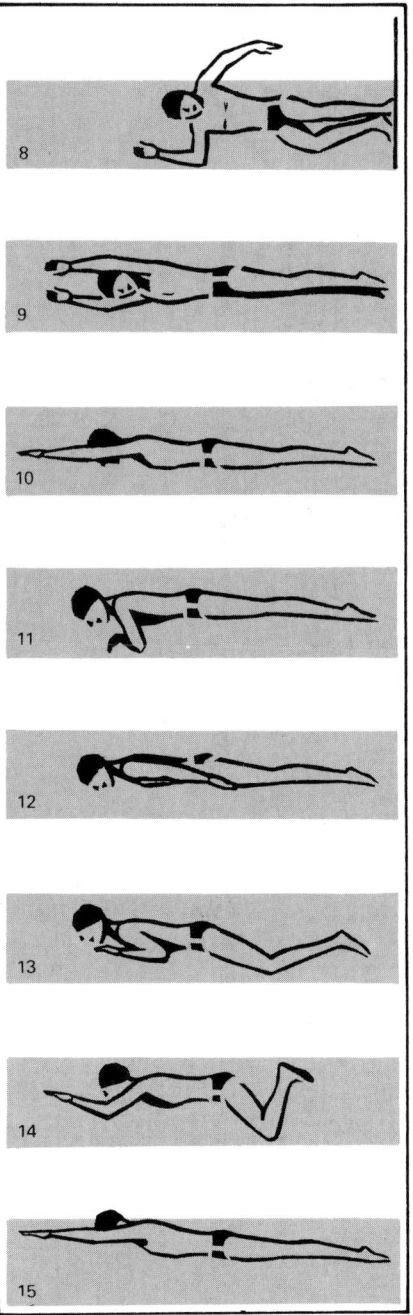

Bild 58   Hohe Wende seitlich
im Brustschwimmen

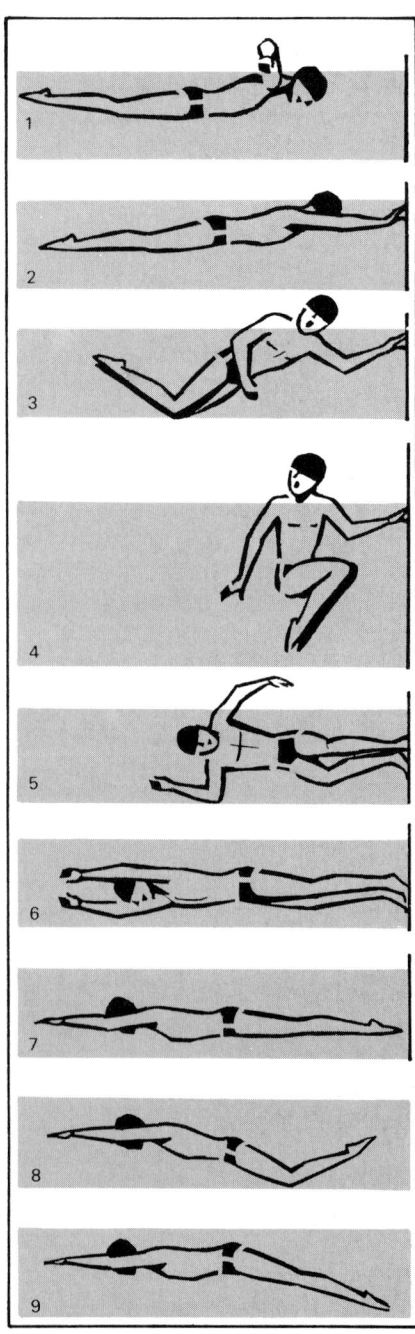

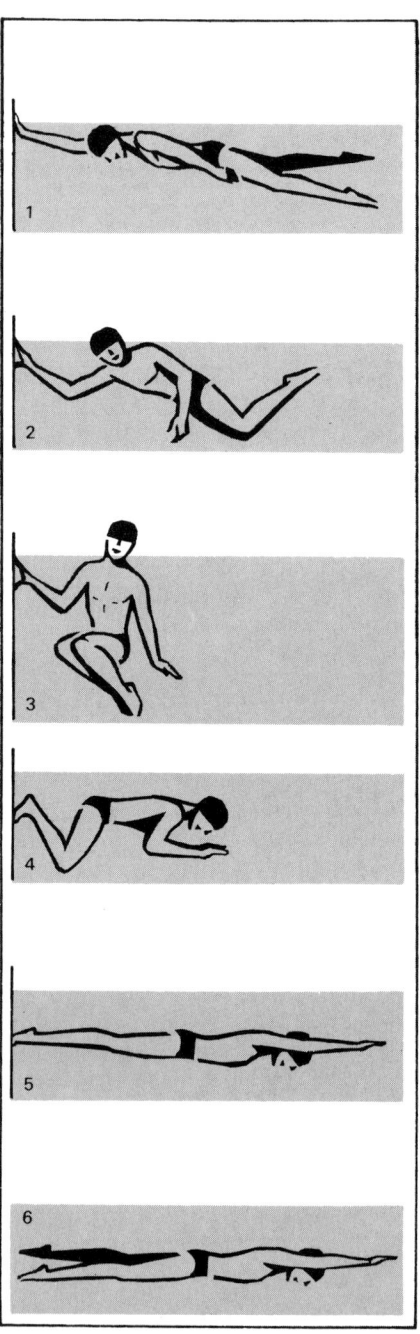

Bild 59 Hohe Wende seitlich im Schmetterlings-schwimmen

Bild 60 Hohe Wende im Kraulschwimmen

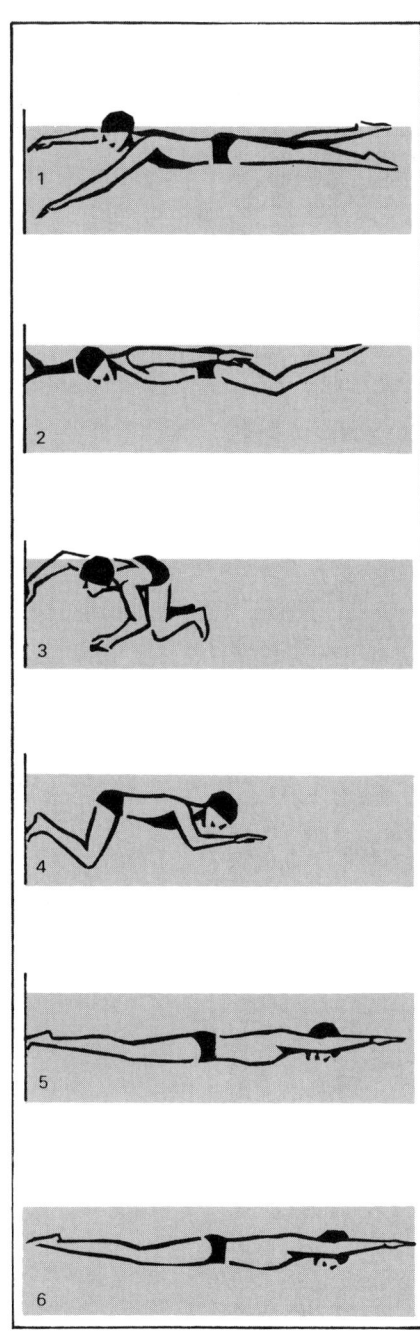

Bild 61   Flache Wende im Kraulschwimmen

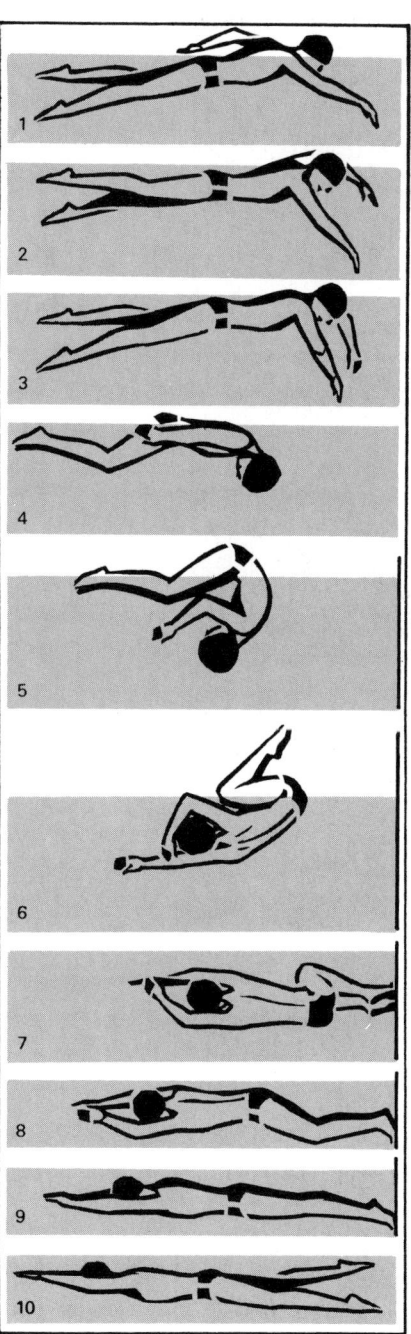

Bild 62   Tiefe Wende im Kraulschwimmen
(mit Doppelarmzug)

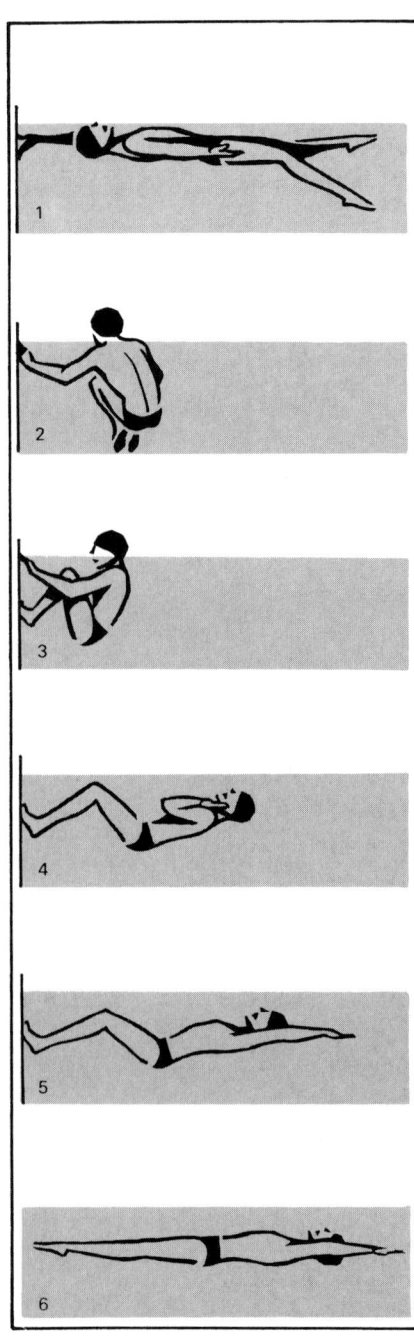

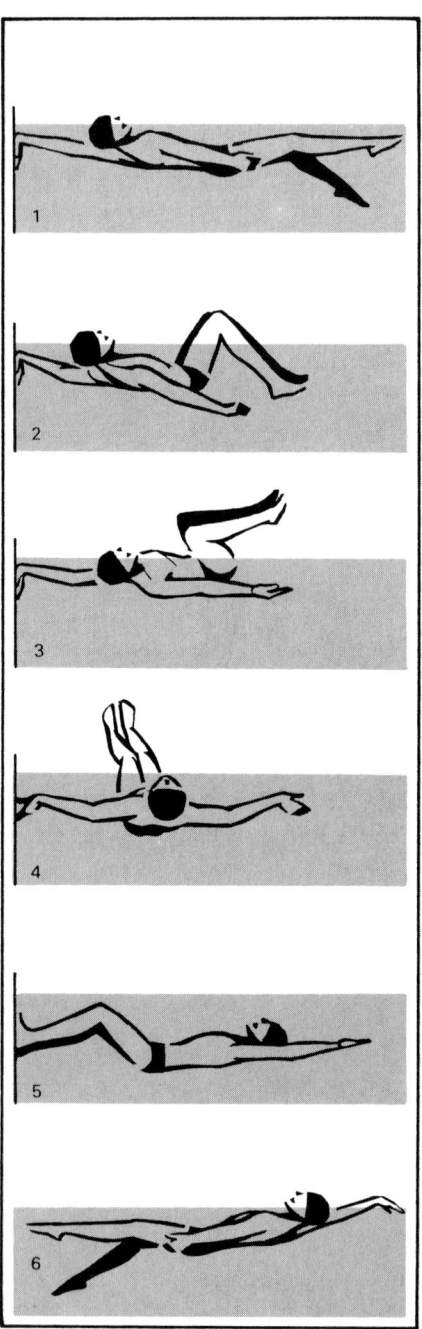

Bild 63 Hohe Wende im Rückenschwimmen

Bild 64 Flache Wende im Rückenschwimmen

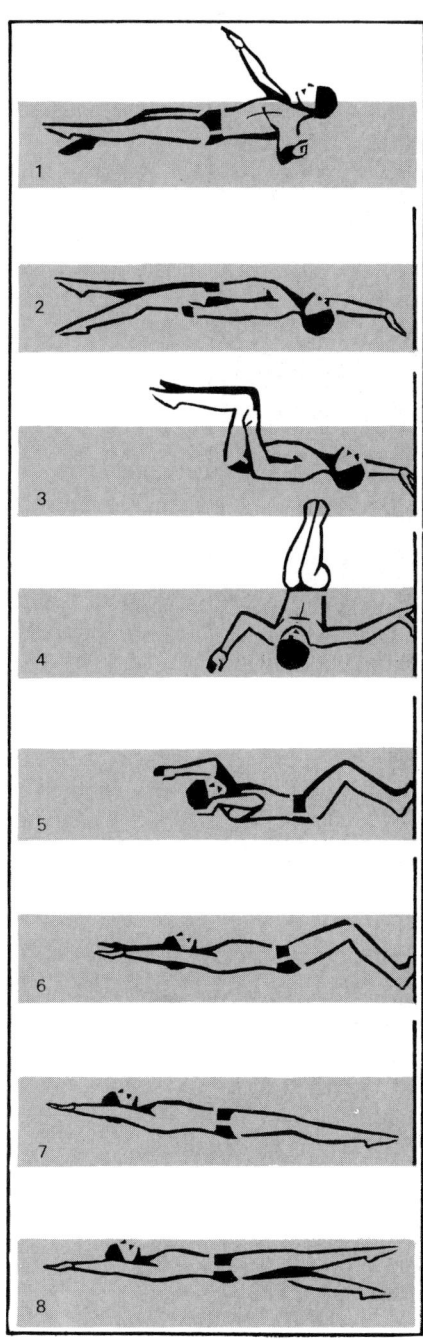

Bild 65   Tiefe Wende im Rückenschwimmen

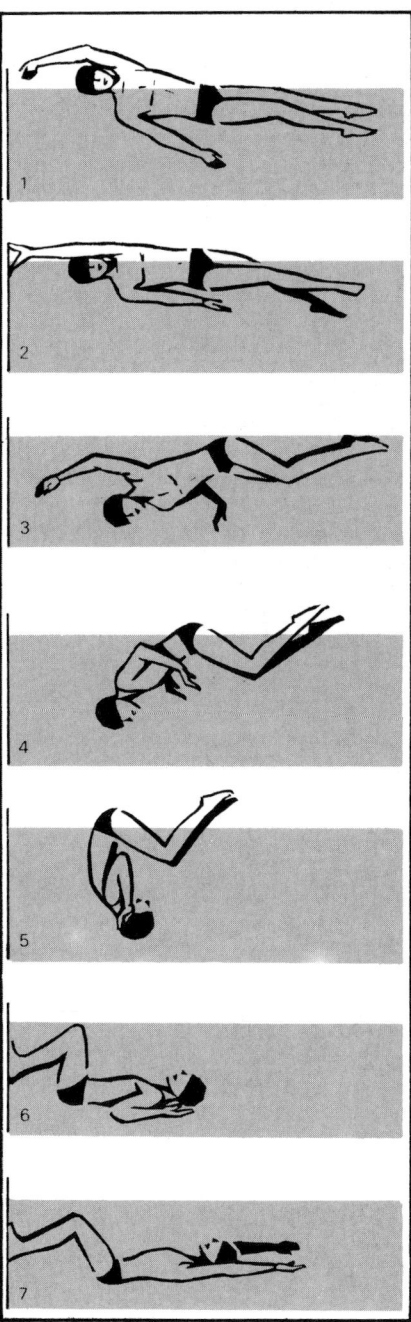

Bild 66   Drehwende im Rückenschwimmen

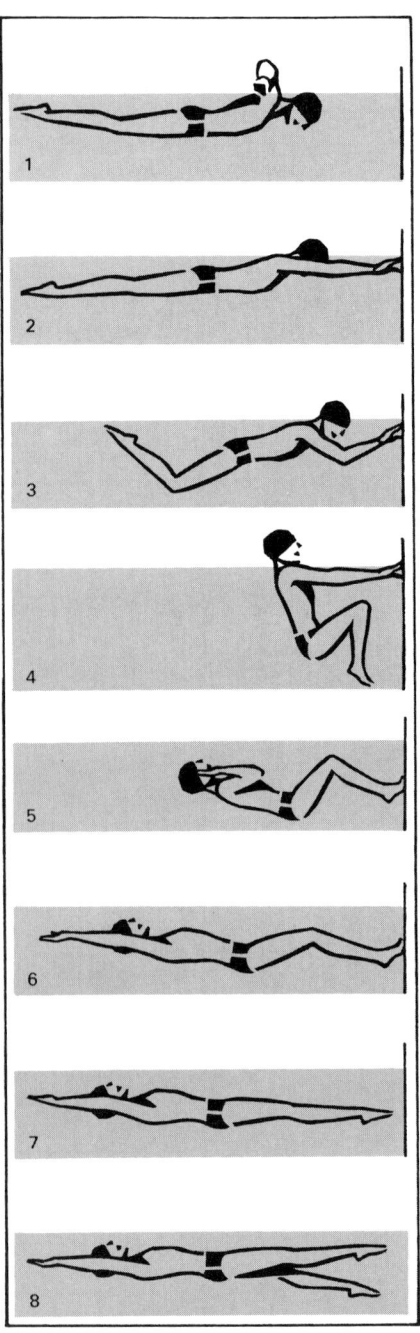

Bild 67   Wende im Lagenschwimmen
(vom Schmetterlings- zum Rückenschwimmen)

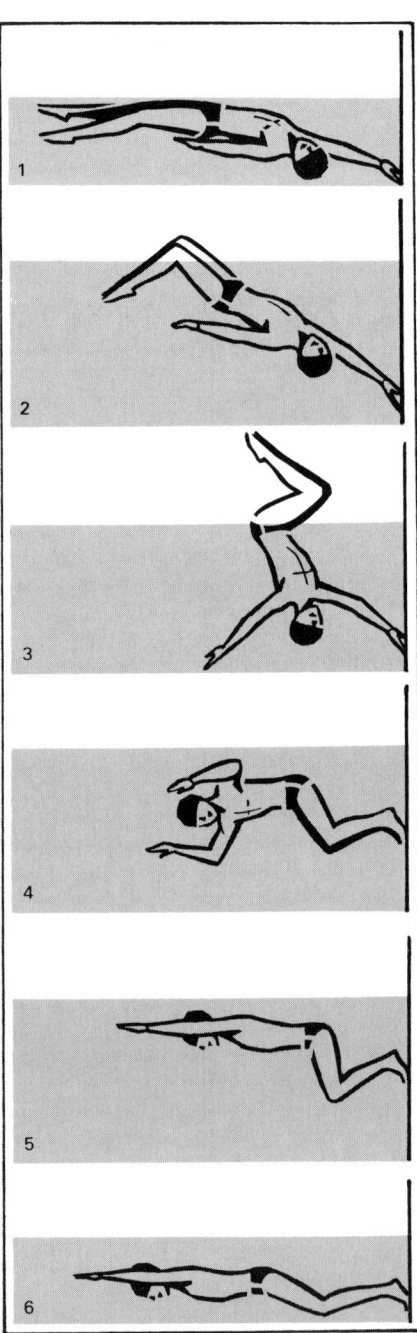

Bild 68   Wende im Lagenschwimmen
(vom Rücken- zum Brustschwimmen)

Literaturverzeichnis

Findeisen, D. G. R.; Linke, P.-G.; Pickenhain, L.: Grundlagen der Sportmedizin. Barth-Verlag, Leipzig 1976

Gundlach, H.; Pfeifer, H.: Schwimmen. Sportverlag, Berlin 1991

Harre, D. u. a.: Trainingslehre. Sportverlag, Berlin 1987

Hartmann, J.; Tünnemann, H.: Modernes Krafttraining. Sportverlag, Berlin 1986

Reiß, M.; Pfeiffer, U.: Leistungsreserven im Ausdauertraining. Sportverlag, Berlin 1991

Schramm, E. u. a.: Sportschwimmen: Hochschullehrbuch. Sportverlag, Berlin 1987

Schuck, H. in: Gundlach, H.; Pfeifer, H.: Schwimmen: Sportverlag, Berlin 1991

Handmaterialien des DSSV. Berlin 1980–88

BUCHTIP

Heinrich Gundlach (Hrsg.)
Helga Pfeifer u. a.

SCHWIMMEN

Reihe: Technik der Top-Athleten
144 Seiten
95 Abbildungen,
davon 7 Fotobildreihen
17,0 × 24,0 cm
gebunden
ISBN 3-328-00456-4

Namen wie Cornelia Ender, Roland Matthes, Kristin Otto und Jörg Hoffmann haben in der Schwimmwelt und darüber hinaus einen guten Klang. Ihren Dauererfolgen ging hartes, intensives Training voraus, „maßgeschneidert" von einer leistungsfähigen Sportwissenschaft. Spitzentrainer und Technikexperten vom früheren Leipziger Forschungsinstitut für Körperkultur und Sport publizieren erstmals Details: die aktuellen Technikstandards im Schwimmsport und deren methodische Umsetzung.
Ausgehend von der Maxime: Physis schafft Zentimeter Vorsprung, eine gute Technik aber Meter, wird die Technik als Leistungs- und Trainingsfaktor charakterisiert, werden vorrangig Trainingsmittel und -steuerung zur optimalen Technikausbildung behandelt. Für den Fachmann besonders interessant: die neuesten biomechanischen Erkenntnisse zu allen Phasen der einzelnen Schwimmdisziplinen. Schwimmtrainer erhalten mit diesem exquisiten Standardwerk eine präzise Hilfe für ihre Arbeit mit dem sportlichen Nachwuchs: Technikanalysen vom Feinsten, die Möglichkeit, internationale Tendenzen der Technikentwicklung zu erkennen und trainingsmethodische Konsequenzen daraus abzuleiten.
Fotobildreihen und die grafische Umsetzung von Bewegungsabläufen einzelner Top-Athleten sorgen für hohe Anschaulichkeit.